面向学科信息集成的领域分析数据集构建

冯 璐 著

北京邮电大学出版社
www.buptpress.com

内容简介

本书创新性地研究了以“领域”为分析对象的数据集构建的理论与方法。从领域分析和领域分析数据集的含义入手，探讨了领域分析数据集构建中涉及的相关理论以及它们在数据集构建中的应用价值。以此为基础，提出领域分析数据集界域理论，旨在从领域范式、分析需求和分析目标三个角度界定领域分析数据集的边界和疆域。结合领域分析数据集界域理论和现有来源数据组织状态，提出了基于界域理论的典型数据映射方法。为保证构建的数据集具有核心性，还研究了在构建各环节中的数据质量控制问题，从定性和定量的角度提出了数据质量控制要点。最后，按照领域分析构建流程，选取具体领域对构建各环节进行了模拟实践验证。

本书适合以文献型数据为分析对象的信息分析和情报研究工作的科研人员阅读，可作为高等院校信息管理与信息系统专业、图书馆学专业、情报学专业、档案学专业等教学参考书，也可供从事战略管理、政策咨询等相关工作的专业人员学习参考。

图书在版编目（CIP）数据

面向学科信息集成的领域分析数据集构建/冯璐著．--北京：北京邮电大学出版社，2013.3

ISBN 978-7-5635-2838-7

Ⅰ.①面…　Ⅱ.①冯…　Ⅲ.①情报分析—研究　Ⅳ.①G353.1

中国版本图书馆 CIP 数据核字(2011)第 246738 号

书　　　名：面向学科信息集成的领域分析数据集构建
著作责任者：冯　璐　著
责 任 编 辑：何芯逸
出 版 发 行：北京邮电大学出版社
社　　　址：北京市海淀区西土城路 10 号(邮编：100876)
发　行　部：电话：010-62282185　传真：010-62283578
E-mail：publish@bupt.edu.cn
经　　　销：各地新华书店
印　　　刷：北京源海印刷有限责任公司
开　　　本：787 mm×960 mm　1/16
印　　　张：9.75
字　　　数：184 千字
版　　　次：2013 年 3 月第 1 版　2013 年 3 月第 1 次印刷

ISBN 978-7-5635-2838-7　　　　定　价：29.00 元

· 如有印装质量问题，请与北京邮电大学出版社发行部联系 ·

前　言

学科情报研究对象随着科学发展的交叉、汇聚、融合，从传统的边界清晰的如物理、化学、数学、地理等领域逐步向新能源、海洋、纳米、人口与环境、现代农业等综合化、横向化、交叉化科技领域发展。这些领域有的是因为学科自身发展导致研究内容的相互交叉融合；有的是因为某项重大研究课题的开展形成专门的研究领域；有的则是由于某个大型设备的研制，触发一个新的研究领域的产生。基于此，学科情报研究必须响应学科发展变化，开展由于学科信息集成而形成的领域的情报研究（以下简称领域分析）。

在整个领域分析过程中，领域分析数据集位于整个领域分析流程的上游，因此，探讨领域分析数据集构建的理论与方法，对于情报研究工作的顺利开展和分析结果具有一定的实际意义。传统的学科情报工作主要是依赖检索类数据库资源进行学科情报分析，这种方式在一定程度上满足了情报分析的数据提供要求，但它不适应分析对象和分析目标的变化，主要表现为数据来源未提供直接的领域分析数据选取途径（入口），领域分析需求与典型的检索提问存在差异，领域属性无法利用现有检索途径描绘等。于是，位于情报分析工作上游的数据集的获取成为领域分析中重点关注和需要解决的问题之一，领域分析数据集构建问题成为领域分析工作的难点。

本书共分 8 章，包含 5 个主体部分，内容包括领域分析数据集构建基本理论、领域分析数据集界域理论、基于界域理论的典型数据的映射、领域分析数据集数据质量控制、领域分析数据集构建的实证分析。

本书由冯璐著。在编写过程中，得到了北京城市学院、中国科学院文献情报中心的大力支持，在此表示衷心的感谢！由于作者水平有限，书中纰漏在所难免，恳请广大读者批评指正。

作　者

前 言

作 者

目　录

第1章 引　言

《国家中长期科学和技术发展规划纲要(2006—2020年)》中明确指出要“全面推进中国特色国家创新体系建设”。科技创新已然成为国家发展的基本战略,组成国家创新体系的企业、大学和科研机构等创新单元都在努力提高自身的科技创新能力。

“科技创新,情报先行。”科技情报无疑在科技创新过程中担负着越来越重要的职责,从科研人员的科技知识创新,到产业部门的技术开发,再到国家科技政策战略的制定,都要搜集和掌握国内外有关的科技情报。

当前,由于现代信息技术的飞速发展,科技情报工作充满机遇与挑战。第一,信息技术的发展、信息环境的变化为情报工作提供了许多工具与资源的便利,如数据挖掘与可视化技术为计量学的发展提供了新的思路和灵活的方法,提高了数据处理的效率和质量。第二,面对信息爆炸和情报不足并存的现象,如何有效利用扑面而来的海量信息,解决“信息爆炸更显情报匮乏”之困惑和需求问题。第三,科学知识体系逐步庞大、细化,各类学科之间相互交叉渗透、汇聚融合的频率增加,联系不断增强,这些都使得科技情报研究的对象和需求日益复杂,更凸显了科技情报工作的必要和重要。基于这样的信息环境变化,专业情报人员通过收集、提炼、分析和研究,为政府、企业等决策提供高增值的情报支撑将更有难度。

科技情报工作决策支持作用的有效发挥,有赖于先进的情报研究理论、方法的创新与完善,帮助科技创新活动主体真正做到“知己知彼、百战不殆”。因此,情报研究工作是科技情报工作的重要环节。

情报研究是一项内容广泛的信息加工处理和情报提炼活动。它以大量相关的原生信息为处理对象,通过对原生信息内容的分析、综合或评价,以提炼出对管理、决策等活动有支持作用的情报,为管理、决策等活动服务。情报研究以其针对性、系统性、科学性、预测性等特点在科学决策、研究与开发、市场开拓中发挥着非常重要的作用。

随着科技、经济和信息工作发展到一定阶段,情报研究最早应用于科技领域,科技情报研究应运而生。自15世纪下半叶起,随着欧洲资本主义制度的纷纷建立,科学领域相继发生了一系列革命。16世纪,文艺复兴运动在欧洲兴起,在创造了资产阶级文学和艺术的同时,也孕育了近代自然科学,陆续出现一些学术组织和学术期刊。但这些科技信息的传播基本上是自发进行的,是科技工作中微不足道的组成部分。18世纪,伴随蒸汽机的发明,迎来了近代史上的第一次技术革命。这一革命的出现密切了自然科学与生产技术间的联系,科技图书、科技期刊等文献日益增多,一些专业性的科技情报机构纷纷建立,但这些机构的主要工作仅仅是停留在初级信息的浓缩加工和编写报道上。

真正意义上的科技情报研究的产生是在第二次世界大战之后,随着科技的深层次发展,学科的微分化和积分化双重发展趋势日益加剧,科技文献呈指数规律急速增长,科技信息的生产与利用之间出现了严重的脱节和矛盾。为解决这些问题,以对科技信息资料内容的深入分析、综合、评价为特色的科技情报研究工作开始脱颖而出。

20世纪中后期以来,信息技术的发展和社会环境的改变,使得科技、经济和社会间的联系更加紧密,情报研究课题日益综合化、复杂化,为了满足社会需求,情报研究服务从传统的科技领域向多样化方向发展。

1.1 研究背景

1.1.1 学科情报研究对象的变化

学科情报研究工作是针对学科,运用科学方法,收集、整理、加工和分析有用的社会信息、科学知识和新的科研成果,有计划、有目的、准确、及时地为学科科研活动提供服务的一种情报活动。学科情报研究对象既有针对单一学科的分析,如物理、化学、数学、地理等,也有随着科学发展的交叉、汇聚、融合,从传统的边界清晰的领域逐步向新能源、海洋、纳米、人口与环境、现代农业等综合化、横向化、交叉化科技领域发展的。

特别是,随着科学的不断发展,科学上的重大突破、新的增长点乃至新学科的产生常常是由于不同学科的彼此交叉、相互渗透而产生的。学科交叉导致知识融合,各种思路相互启迪,多种方法彼此借鉴;多科学研究的协同催生了新知识突变;跨学科研究的群体效应可以为各学科和工程技术的发展提供综合的方法,产生新的知识论、方法论和价值观。学科交叉交融已成为当代科学发展主要特点之一,在这种形势下,世界各国的政府和资助机构、科学组织和大学都把资助学科交叉放在一个重要的战略位置。

从交叉科学的角度，学科的变化包括学科内交叉学科、学科间交叉学科、领域间交叉学科。

学科内交叉主要是指自然科学和社会科学内的各个一级学科中，其下属学科相互作用、相互结合形成的一种领域。例如，数学中的代数几何学、微分几何学等，物理学中的电磁学、电流体力学等，生物学中的微生物遗传学、植物生理学等。这类领域特点是学科交叉出现较早，是学科内分化综合的初级结果。

学科间交叉主要是指自然科学或社会科学中不同的部门学科通过相互作用、相互结合而形成的一种领域。例如，自然科学中的天体物理学、生物化学、光电化学、量子力学、晶体物理学化学等，社会科学中的政治经济学、社会心理学、教育史学等。这类领域特点是学科内众多分支交叉，是学科内进一步分化综合的产物，其中部分较大分支交叉形成的领域分析有据可依，部分较小分支交叉形成的领域就显得比较模糊。

领域间交叉学科主要是指不同领域学科间交叉形成的，这类领域发展迅速，且交叉点前沿性明显高于其他类型的领域，是知识时代迫切需要解决的重大问题，如中国科学院设置的“1＋10”创新基地。“1＋10”科技创新基地的“1”是加强具有明确目标导向的交叉和重大科学前沿基础研究；“10”是建设信息科技创新基地，空间科技创新基地，先进能源科技创新基地，纳米、先进制造与新材料创新基地，人口健康与医药创新基地，先进工业生物技术创新基地，现代农业科技创新基地，生态与环境科技创新基地，资源与海洋科技创新基地。

针对这些极具综合性和前沿性的学科情报研究对象，如何准确把握领域分析需求、描述领域范围、收集整理领域信息等都是在科技情报研究工作中亟待探寻的问题。

1.1.2 领域分析的必要性

长久以来，辅助国家确立科技发展战略一直是情报分析人员的重要任务。实践证明，情报研究在科学决策、研究与开发、市场开拓活动、创新体系建设中，发挥着非常重要的作用。

具体而言，情报研究的作用主要表现在以下几个方面[1]。

第一，2004年，胡锦涛总书记在中国科学院第十二次院士大会、中国工程院第七次院士大会上发表讲话强调：“未来科学技术引发的重大创新，将会推动世界范围内生产力、生产方式以及人们生活方式进一步发生深刻变革，也将会进一步引起全球经济格局的深刻变化和利益格局的重大调整。这个发展趋势，必然对世界经济、科技发展和国际综合国力竞争带来重大影响。在这样的大背景下，如果看清世界科技进步的大势，能够制定出正确的科技发展战略，奋力跟上科技发展的时代潮流，就可以在未来的发展中进一步把握住机遇、赢得主动。反之，如果没有看清世界科技进步的大势，不能制定出正确的科技发展战略，在全球激烈的科技竞争中落伍了，那就会失去机遇、陷于被动。”现在我们加强科学技术的情报研究工作，就是要认清和把握当今世界科技的发展态势，为制定适合我国国情的科技发展战略提供情报信息保障和创新思维支持。

第二，在现代科学技术的引领和推动下，人类社会正经历着从工业社会向知识社会的快速演进，科学技术不断创造出新的经济增长点，在解决人类可持续发展的一系列重大问题上发挥日益重要的作用。创新越来越成为国家发展的核心驱动力，成为世界各国的战略选择。现在我们加强科学技术的情报研究工作，可以深入了解国外主要创新型国家的创新发展历程，剖析研究相关创新范例，在不同类型国家的创新战略与创新路径选择、创新体制顶层设计和创新政策协调机制、构建有特色的国家创新、卓有成效的保障措施、创新精神与创新文化等方面借鉴学习国外政府支持创新的典型经验，为建设中国特色的创新体系提供深入的科学决策咨询服务。

第三，20 世纪 90 年代以来，国际科研活动的规模与范围日益扩大，合作研究的论文日益增多，许多国家和组织机构的 R&D 计划对外开放，科技评估的国际化已成趋势，跨国公司纷纷在境外(如中国)设立了研发机构，而且投资之高、技术之超前也是空前的，还有越来越多的国家加大了吸引和利用国际化人才的力度。多边的和全球性的合作越来越重要，科技发达国家和国际性组织设置的大科学国际合作计划有 50 余项，主要集中在全球变化、生态环境、生命科学与生物工程、地球系统科学与观测系统、核聚变、空间科学与空间天文学、地面天文学等领域。全球性问题成为国际科技交流与合作研究的重要内容，全球气候变化、环境问题甚至成为国际关系的重要外交议题。在重要的知识领域，已经形成了全球性的知识网络。国际组织在国际科技合作交流中发挥着日益重要的作用。加强科学技术情报研究，将有助于我国科研机构及科技专家了解科研活动的国际化趋势，有助于设计面向全球化时代的科技政策。

第四，全球化和信息化带来的竞争条件的转变，正在迫使政府和公司不断地反思和调整他们在科技发展方面的优先顺序、投资和 R&D 管理情况。许多国家和企业逐渐察觉到未来的竞争优势将依赖高知识内涵的产业，即使是传统低附加值的产业，为了适应瞬息万变的竞争环境，也必须对经济、科技与社会发展各方面的信息进行系统的搜集分类和“情报”式的分析整理。在这样的背景下，利用情报研究作为战略战术决策的基石来促进创新和跨越发展，已经成为国家和企业获得竞争优势的必要途径。

第五，情报研究有助于科学决策能力的提高。情报研究工作主要承担类似智囊机构的咨询工作，部分承担信息跟踪分析的工作。正确的决策来源于正确的判断，正确的判断来源于通过情报研究提供的全面的信息收集与系统分析，从而达到对客观情况全面而系统的把握。同时，情报研究工作还有助于决策者更新知识，开阔眼界，启发思路，在决策前充分了解有关领域中的已有成果、现状和发展前景，接受新的信息，使自己的思想保持先进性，增强敏锐性和判断能力。

特别是，面对学科之间日益交叉融合，诸如能源、生物、先进制造这样的综合领域，开展领域分析工作的需求日益强烈。这些领域有的是因为学科自身发展导致研究内容的相互交叉融合；有的是因为某项重大研究课题的开展形成专门的研究领域；有的是由于某个大型设备的研制触发一个新的研究领域的产生；有的则是因国家目标导向而形成的战略领域。因此，非常有必要响应学科发展变化，开展面向领域的情报研究（以下简称领域分析）工作。

针对不同用户的需求，通过分析可以确定领域研究的价值、领域新兴热点问题、领域未来的发展方向、同领域的关联目标机构等，从而可以满足制定国家科技发展规划的需要，准确指导国家确定优先发展领域、领域内重点发展内容以及发展某一领域的关键技术。有关领域分析的理论和实践研究，既在宏观层面上满足了国家制定领域发展需求，也在微观层面上指引具体领域有的放矢地开展相应科技攻关。因此，在情报研究工作至关重要和当今科技迅速发展的大背景下，领域分析存在着很强的必要性。

1.1.3 领域分析中的数据获取

从情报研究工作的流程来看，分析使用的数据集位于分析链条的上游，数据集问题直接影响着整个分析过程的进行和分析结果的质量。传统的学科情报工作主要是依赖检索类数据库资源进行学科情报分析。这种方式在一定程度上满足了情报分析的数据提供要求，但它不适应分析对象和分析目标的变化，主要表现为数据来源未提供直接的领域分析数据选取途径（入口）、领域分析需求与典型的检索提问存在差异、领域属性无法利用现有检索途径描绘等。于是，位于情报分析工作上游的数据集的获取成为领域分析中需要重点关注和解决的问题之一，领域分析数据获取问题成为领域分析工作的一大难点。

因此，提出开展领域分析数据集的研究是有必要的。在领域分析数据集的研究中，需要明确影响数据构建的因素，以及弱化这些影响因素需要的相关知识和方法，也需要解决数据来源的选择、数据源中的数据加工等问题，这些问题直接决定着信息分析人员是否能够准确和深入地开展领域分析工作，最终实现领域分析结果质量的提升。

1.2 国内外研究现状

1.2.1 国内外研究现状

1. 领域分析数据集构建理论现状

情报学中有关领域分析的理论研究起源于美国著名情报学家、哥本哈根皇家图书情报学院的赫约兰德(Hjorland)和阿尔布莱奇森(Albrechtsen)。两人全面地阐述了领域分析的历史渊源、理论思想和方法,他们对领域分析的表述是:理解情报学中的情报的最佳途径是研究作为社会劳动分工一部分的知识领域,即话语社群。在不同的领域中,知识组织和结构、合作模式、语言和交流形式、信息系统和相关性标准都是话语社群的工作客体和社会角色的反映。个体的心理、知识、信息需求和主观相关性判断都应该从这种视角来看待[2]。

在领域分析的经典表述中,“领域”与“话语社群”是两个相关联的关键概念。作为领域分析的创始人和主要推动者,赫约兰德认为领域可以是一个学科或学术区域,也可以是与信仰、职业或惯例等相关联的话语社群。话语社群形成的标志则是在某一群体中存在着有序的、由概念结构、制度栅栏和话语场域的管控共同加以结构化的交流过程。赫约兰德的关注重点放在了领域的维度分析上,他指出,领域可以从本体论、认识论和社会学三个维度来认识,其中后两个维度是核心所在,三个维度之间也是相互作用和变化的,领域的研究应考虑本体论、认识论和社会因素之间的复杂交互。

麦(Mai)采用与赫约兰德相似的思路,明确指出领域是指分享共同目标的人类群体。领域的概念要把形式化结构和实际工作与活动结合起来考虑,后一方面跨越学科专业界限而聚焦于人的活动、合作以及共同目的。这表明领域概念与人类活动密切关联,所以领域是以活动为中心的。这种定义实质上是以活动理论作为元理论基础的反映,活动理论强调的活动这一核心概念规制了领域的本质和界限,正是以包括共享目标在内广义上的活动作为标杆,领域的轮廓才得以勾画清楚。因此,可以把领域理解为“以社会中有机联系的共同活动(包括共享目标、任务、合作、交流)为基础,结合专业的形式化结构而形成的群体”。依此,可以把学科和专业看成是具有相似结构或特征的多领域聚类而成的领域簇。

他们对领域分析的研究,主要从认识论和社会认知的角度,强调以领域整体为关注点，将社会因素融入到对某一个主题领域的知识整理，最终是要解决如何对特殊领域知识进行分类的问题。因此，特殊主题领域知识的分类是他们研究领域分析的主要目标，而领域知识整理只是服务于知识分类的一种获取知识的手段。在对特殊主题领域知识进行整理的过程中，涉及情报科学人员需要从哪些角度了解领域知识，这方面的研究与领域分析数据集构建相关，下面是赫兰约德整理出的 11 种了解领域知识的方法，具体包括[2-4]以下几种。

- 文献指南或主题式资源指引网站（literature guides and subject gateways）；
- 专门的分类法和索引典（special classification and thesauri）；
- 索引编制和检索的研究（research in indexing and retrieving specilities）；
- 实证的使用者研究（empircal user studies）；
- 文献计量学研究（bibliometrical studies）；
- 历史研究（histroical studies）；
- 文件和类型的研究（document and genre studies）；
- 认识论和批判研究（epistemological and critical studies）；
- 术语研究、专用语言和论述研究（terminologies studies，LSP，discourse studies）；
- 科学传播中结构与机构的研究（studies in structure and institutions in scientific communication）；
- 专业认知与人工智能的领域分析（domain analysis in professional cognition and artifical intelligence）。

这 11 种领域分析方法在实际的领域分析工作中作为领域分析数据的获取来源或途径已经被广泛地应用，这些方法要么单独使用，要么组合搭配，各个方法之间可以兼容并蓄，不具有排他性。此外，赫兰约德总结的这些方法还将组织、机构、研究团体等“人”的因子加入进来，这也恰恰符合领域分析数据遴选中的同行评议机制。虽然上述 11 种方法为领域分析数据集构建在理论层面上提供了一种参考，将领域分析实践工作上升到了一定的理论归纳层面，加强了实践与理论的关联。但是，赫兰约德并没有明确给出领域的定义，也没有研究领域的特质，而在实际的领域分析工作中，理解领域分析对象正是领域分析数据集构建的关键，这一点可以在 Palmer 的文章中得以证实。Palmer 认为，领域的动态、成长和演变会导致信息流、信息策略和信息需求的改变[5]。因此，构建代表领域状态的数据集就应该从领域的演化入手，通过揭示领域的演化，进而确定相应改变的信息。而目前有关领域演变与信息之间关系的研究尚显薄弱。

2. 领域分析数据集构建实践方法

由于领域分析是一个实践性和应用性很强的工作，因此，有关领域分析数据集构建的专题理论研究文章并不多。于是，作者从现有科技情报研究分析报告和学科评估报告入手，对国内外领域分析中数据集构建的具体操作方法进行综述。

从具体的领域分析对象来看，涉及的领域内容既包括传统学科领域，也包括新兴交叉学科领域。如荷兰莱顿大学的科学技术研究中心（Centre for Scientific and Technology Studies，University of Leiden，以下简称 CWTS）关注的主要领域有物理领域[6]、生命科学领域[7]、食品领域[8]等；英国苏塞克斯大学科技政策研究机构（Science and Technology Policy，University of Sussex，以下简称 SPRU）关注的主要领域有能源动力、信息通信、生命科学技术等[9]；加拿大国家研究理事会（National Research Council of Canada，NRC）涉及的领域有能源领域、纳米领域、燃料电池领域[10]等；中国科学院文献情报中心涉及的主要领域包括物理领域[11]、化学领域[12]、能源领域[13]、纳米科技领域[14]、大科学装置领域[15]等。

从现有领域分析数据集构建的数据遴选过程来看，主要是依赖科学文献数据库及其检索途径，同时配合“同行评议”来遴选领域分析的数据。

（1）数据库及其检索途径是数据集资源和构建方法的基础

长期以来，文献作为人类文明成果记录与传播的重要载体，一直是科学研究工作最直接的体现。因此，在情报研究工作中，一般也都是选取文献作为重要的信息源，把文献作为开展情报研究工作的基础。数据库及其检索途径正是选取文献及其构件作为分析单元，并且不断吸收计算机技术深化基于传统的印刷型文献的情报研究方法，使这些方法向自动化、智能化发展。

目前信息分析人员主要依靠网络学术数据库开展学科情报研究工作。一些大型的网络学术数据库提供了丰富的检索途径和各种分析工具，方便信息分析人员遴选数据。

此方法具有强烈的情报学特色，是情报学中开展情报研究工作中专门的分析方法，主要包括文献计量学方法、引文分析法和内容分析法等。这些方法的研究对象可以是整篇文献、期刊、报纸或专著，也可以是标志文献的外部特征（如篇名、作者、引文、出版社、网站、借阅与复制的情况等），或是标志文献的内容特征（如概念、词语、关键词等）。图1-1是与数据库检索途径对应的文献构件。获取这些数据的途径可以借助书目、索引、文摘、百科全书、数据库等二次或三次文献，也可以从报纸、期刊或网络上获取发表的原始文献。

以上述文献及其构件为数据源，利用“共现”原理，即相同或不同的文献特征项共同出现的现象，例如，共词、共篇、共引等，均被广泛应用于科技领域的情报研究中。利用这些方法可以描述情报研究对象的现状，概括情报研究对象的发展规律，分析和评价研究对象，预测他们的发展趋势，并且利用文献之间明显的相关性挖掘更为重要的隐性信息。

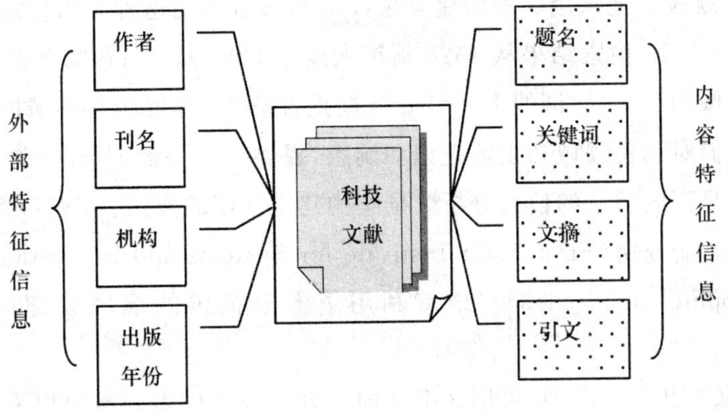

图 1-1　与数据库检索途径对应的文献构件

目前，国内外分析人员通常使用的数据库有 SCI 数据库、INSPEC 数据库、MEDLINE 数据库、中国学术期刊网数据库等。一些相对成熟的领域，如物理、化学、数学等可以借助数据库提供的分类检索途径进行相应的数据遴选和下载。信息分析人员经常利用 SCI 数据库提供的 22 个类目直接下载各类目中的数据构建数据集，但它并未提供更细分的学科类目的检索功能，因而不能用来构建低层级学科领域的数据集。况且对于新兴交叉性领域，涉及的内容相对复杂，就更不能直接采取分类的检索途径来构建数据集，因此，遴选、锁定有代表性的词语、机构和期刊作为数据集构建入口途径是领域分析人员面临的主要问题。

① 基于词语的构建方法。基于词语的构建方法主要是以词语为入口途径在数据库中遴选数据，词语的来源主要有两种。

一种是基于对领域的了解，由研究人员根据数据库的检索要求自行选择代表领域的相关词语。如 Glanzel、Meyer、Noyons 等人都采用 Braun(1997)使用的简单术语描绘纳米领域，“nanoscience”用“nano ＊”表示进行检索。Michael Zitt 等人在进行“纳米”领域数据遴选时，还将纳米的扩展名称、实验方法、关键技术等属性附加到主题中[16]。在对“环境医学”进行领域分析的时候，CWTS 指出将“环境健康”、“职业健康”等词条附加到“环境医学”上进行检索能有效界定目标领域[17]。哥伦比亚大学医学信息学系的 James Cimino 提出利用主题词和非主题词的关系进行文献检索，以扩大检索范围[18]。他们通过分析下载记录的主题词、副主题词，得到主题词和副主题词的频次及组配的关系，使用户可以重新组配检索，利用这样的数据集可以分析某一主题在不同时间段的分布情况，还可以发现相同类型的不同主题间的相似度。之后有很多学者都采用挑选主题词和副主题词的方法开展数据集的构建工作。例如，在医学领域分析中，分析人员利用 MEDLINE 数据库时就较多地采用这种构建方法，Powsner曾利用这种方法检索有关引起心肌梗塞病因方面的文章，检索结果从 1320 篇扩大到了 3852 篇[19]；崔雷等还利用这种方法开发了“面向主题词、副主题词的 PubMed 数据挖掘软件”开展医学领域的信息工作[20]。此外，借用专家们对相关领域知识的把握和洞悉，提供一组关键词，作为构建数据集的数据检索入口，也是面向领域的信息分析数据集构建中常用的方法。CWTS 和德国 Fraunhofer 系统与创新研究所(Fraunhofer Institute for Systems and Innovation Research)完成的欧盟“mapping of excellence”中就利用了专家提供的领域关键词列表构建数据集[21]。

另一种是基于共现的原理，采用共引共词的方法选择代表领域的相关词语。共现原理是通过多层次的内容聚合，将分散的主题内容，如专业中的单一研究问题，聚集成逐步嵌套的学科结构，进而反映目前科研环境下科学发展的结构特征，揭示特定领域的知识集合和范畴。因此，它是一种知识聚类的方法，可以用于相关学科、知识领域的文献、著者和主题的汇集，进而用于信息检索方法的改进和检索效率的提高。

在 20 世纪 80 年代，就有人将共引分析结果应用于信息检索。例如 1981 年，White 提出用著者共引分析方法改进检索策略来辅助联机检索，提高检索效率。Potter Rees 等人建立的动态词表系统，便是利用引文和共引分析方法来建立、更新和维护术语词表。*A New technique for building maps of large scientific domains based on the cocitation of classes and categories*、*Journal co-citation analysis of semiconductor literature* 等文章中也都提到利用共引分析来确定主题和类目，应用到领域分析中。同样有很多学者利用共词分析的方法扩展信息检索条件，主要集中的领域有人工智能(Courtial Law，1989)、聚合体化学(Callon 等，1991)、酸性作用(Law Whittaker ，1992)、专利(Courtial，Callon Sigogneau，1993)、神经中枢网络研究(Novons van Raan，1998；van Raan Tijssen1993)、生物安全(Cambrosio，Limoges，Courtial Laville，1993)、科学计量学(Courtial，1994)、optomechatronics(Noyons van Raan，1994)、生物电子学(Hinze，1994)、药学(Rikken，Kiers Vos，1995)、生物学(Rip Courtial1984，Looze Lemarie，1997)、凝聚物理学(Bhattacharya Basu，1998)、软件工程(Coulter，Monarch Konda，1998)、人文学科计算研究(Horton 等，1998)、信息科学和信息系统的研究(Monarch，2000)、信息检索(Ying Ding 等，2000)、欧洲中小企业生物技术战略(Lemarie looze 等，2000)、路透社商业简报的非科学信息实例研究(B. Delecroix，R. Eppstein，2004)等。在国内，主要是以崔雷为代表使用这种方法较多，他利用共词分析，分别以高、低频次来选择医学领域的数据。此外，Kostoff 曾采用

数据库内容结构分析法(Database Tomography,DT)扩展信息检索条件,丰富检索词,该方法也是在传统共词分析方法基础上发展起来。

② 基于期刊的方法。通过期刊构建数据集,是以期刊名称作为入口途径,如 Pestana (1992)[22]分析生命科学领域,Bordons(1996,1997)[23,24]分析生物医学领域都分别利用各领域的期刊选择数据。此外,通过 ISI 的期刊评价产品《期刊引文报告》(Journal Citation Reports,JCR)和《基本科学指数》(Essential Science Indicators,ESI)提供的期刊评价指标选择领域内的代表性期刊是更为常用的方法,如金碧辉的《世界科学中的中国2005年系列研究报告之三——化学领域重要研究方向发展态势分析》就利用 JCR 选择了 TOP 20 期刊[12]进行分析数据的遴选。

③ 基于机构(作者)的方法。这种方法以分析领域的机构或者作者名称作为入口,如 DE Bruin(1993)[26]根据作者院系所属的学科使用地址关键词来选择论文,Bourke (1998)[27]也利用机构地址进行选择,但是在其进行研究过程中发现,有些情况下由于院系名字和主题缺乏一致性,当利用“同族”院系名字来选择论文数据时,就会导致低查全率和低查准率。国内学者冷伏海在针对依托大科学装置[15]综合研究领域的进行分析时,假设依托大科学装置的研究机构的研究成果绝大多数属于与大科学装置相关的科技攻关成果,因此,他们挑选依托大科学装置进行实验的研究机构的名称,在数据库中进行检索,构建数据集。

④ 基于引文的方法。引文分析方法被作为评价关键词、机构和期刊的首选方式,然后,再以此作为检索入口进行数据集构建。*A New technique for building maps of large scientific domains based on the cocitation of classes and categories*[29]、*Journal cocitation analysis of semiconductor literature*[30]中都提出用 ISI 的 JCR 和共引分析来描绘领域内的结构;邱均平等在《世界科研机构学科竞争力排行榜》和《世界大学学科竞争力排行榜》项目中,利用 ESI 采集近 11 年来各学科论文总被引用次数排列在前 1%的大学和科研机构的数据进行分析[31]。

除了单独使用这些方法外,分析人员还将这些方法进行混合使用,G. Lewison(1995, 1996)[32,33]、Maria Angeles Zulueta 和 Maria Bordons[34]在研究心血管领域时都使用了题名关键词、机构地址和期刊合并的检索策略进行数据集构建,后来 Noyons 等[35]还利用浏览期刊和分类系统获得更多的词语,然后再把词语作为数据集的检索入口。

(2) 评议是数据集构建方法的辅助

信息技术的影响并没有使得情报研究忽视“人”在情报研究工作中的重要作用,譬如,即使像美国能源部能源信息管理办公室与亚利桑那大学人工智能实验室分析技术与系统那样高度与发达的情报研究机构，也从不忽视在分析与研究中“人”所发挥的重要作用。

评议即是将人特别是“专家”引入到情报研究工作中，由“人”辅助完成数据集构建。

专家即是对某一门学问有专门研究的人，在其研究领域内具有渊博的学识和丰富的经验，专家的意见具有极强的权威性和指导性。因此，此方法就是依靠专家的知识与经验，挖掘专家的隐性知识，充分发挥和调动人（尤其是专家）在情报研究中的作用。同时，该方法通常与其他类情报研究方法交叉使用，发挥各自的优势。

这类方法充分发挥人在情报研究中的主观能动性，无需建立烦琐的数学模型，操作简便直观，通过专家的参与可以比较准确地反应他们对于情报研究对象的意见。

在数据集构建过程中，评议过程由专家参与，评议的专家既包含领域内直接参与的同行专家，也包括领域外间接参与的专家。其中，领域专家在领域中扮演着极为重要的角色。若希望通过领域专家来取得领域知识的范围与内容结构，必须先取得领域专家的名册与相关资料，挑选出专家名单。然后再借助名单上的领域专家提供或帮助挑选领域分析数据集构建时需要的检索词语、期刊或者是机构，进而进行数据集构建。

在确定参与专家名单的基础上，后续的具体操作方法主要包括德尔菲法、交叉影响分析法、头脑风暴法、个别访谈法等。

这些方法的实施可以以个体的方式参与，如个别访谈法；也可以以团体的方式参与，如头脑风暴法等。前者在一定程度上会减轻参与专家的心理压力，后者则能够达到充分激发专家思维的目的。但由于后者参与人数较多，干扰的因素也即随之而来，在一定程度上会影响专家做出的判断。此外，专家参与的方式还可以总结为直接参与和间接参与，其中间接参与主要是利用一些综述、评论或调查报告等产生的研究成果，作为定量研究方法的判断依据。

这种方法不仅可以发挥定性方法的优势，德尔菲法和交叉影响分析法的出现使得很多定性问题转化为定量处理，在一定程度上弥补了上述参与方式的不足，发挥了量化处理的优势，避免了过多的主观性判断。正是基于此，苏塞克斯大学科技政策研究中心在传统德尔菲法的基础上进行了改进，提出了大规模德尔菲法和市场德尔菲法。这两种方法最突出的特点在于，参与的专家不再仅仅局限于少数人群，而是吸引了来自政府、企业、高校、研究机构和社会各方面的大量专家。同时，所涉及的问题非常广泛，除技术本身的发展外，还要考虑技术可能带来的经济及社会影响。

3. 领域分析数据集构建效果测度

结果数据集的内容及效果直接受选择的数据来源和遴选方法所影响，终极目标是应该能够满足用户的需求。目前,领域分析数据集构建效果测度标准的专题理论研究并不多。由于科技测度体系、领域分析数据集都与数据紧密联系,且都是通过某些数据反映科技测度对象或分析对象的状态或特征,因此,有关科技测度体系的评估标准可以作为领域分析数据集构建效果测度的一种参考和借鉴。这里总结了埃利泽·盖斯勒(Eliezer Geisler)对科技测度体系评估标准选择的观点,他较为全面地将测度标准归结为三类,即方法论标准、实体论标准和管理组织标准[36]。

- 方法论标准是要回答它们应该做什么。测度的内容包括:基础数据的质量;选择的数据可以进行有意义的分析和说明;可以全面地反映分析对象的实质性内容;数据搜集、操作和解释相对应的事物等。
- 实体论标准是要回答它们应该像什么。测度的内容包括:数据覆盖分析对象的关键方面;数据能够测量它所要测量的内容;数据可以用于分析对象的不同侧面等。
- 管理组织标准是要回答它们实现什么。测度的内容包括:对于用户的分析目标是切题的;提出的分析结论对用户的潜在行动有意义;分析结果的可信任性等。

按照上述三个层面标准内容的阐述,可以发现,它们与领域分析数据集构建的流程相对应,其中方法论标准和实体论标准可以较好地对应到领域分析数据来源和数据遴选方面的数据质量测度上。管理组织标准是判断提炼的分析结论或建议的标准,但是,由于分析结论的提炼不仅受数据集构建效果的影响,同时还与信息分析人员使用的分析方法、自身的经验及知识结构等其他多种因素相关,因此,这个层面的测度标准与本书的领域分析数据集构建之间的联系不如方法论标准和实体论标准那样紧密。

在实践层面上,G. Lewison 作出了一些尝试。1996 年,他在进行生物医学领域研究时,提出利用"验证因子"(Calibration Factor,CF)对比评价通过专业性期刊和综合性期刊附带题名关键词检索得到的两个数据集[33]。随后,他在进行"老人医学"领域情报分析时[38],将检索到的文献数据人工分成 8 类(A～H),如图 1-2 所示。

图中区域代表每一个种类的文献数量,阴影代表无关的文献数量。其中:A 代表从同族院系、专业性期刊附加题名关键词的数据集合(用 EST 表示);B 代表从同族院系、专业性期刊不附加题名关键词的数据集合(用 ESX 表示);C 代表从同族院系、综合性期刊附加题名关键词的数据集合(用 EGT 表示);D 代表从同族院系、综合性期刊不附加题名关键词的数据集合(用 EGX 表示);E 代表从其他院系、专业性期刊附加题名关键词的数据集合(用 OST 表示);F 代表从其他院系、专业性期刊不附加题名关键词的数据集合(用 OSX 表示);G 代表从其他院系、综合性期刊附加题名关键词的数据集合(用 OGT 表示);H 代表从其他院系、综合性期刊不附加题名关键词的数据集合(用 OGX 表示)。

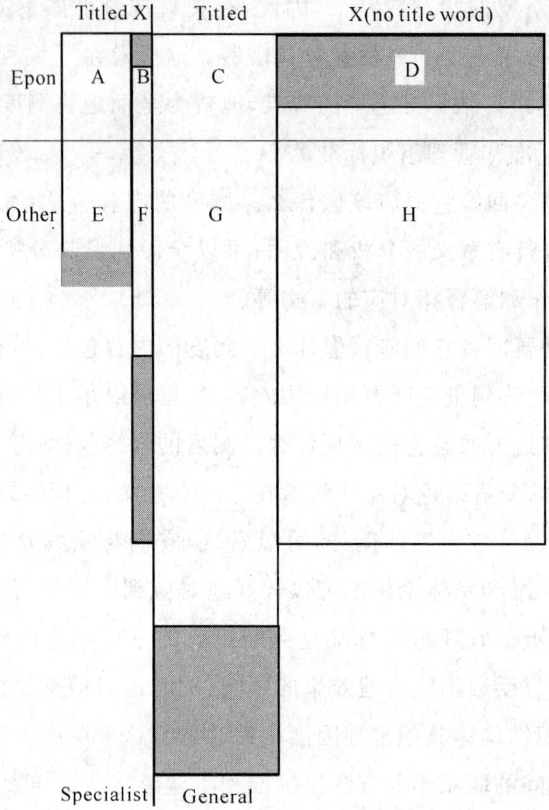

图来源:G. Lewison. The definition and calibration of biomedical subdomains[J]. Scientometics,1999,46(3):529-537

图 1-2 老人医学领域论文分布

对每一个种类查准率的评价由专家进行。通过专家的测评,在 8 种数据集中,D 集合查准率应该最低,而 H 集合可能会很大,从而,证明了在领域分析数据集构建过程中,数据集的不同选取方法会导致数据集集合的质量存在差异,即附加条件范围越宽、限定条件越少,数据集的质量就会越差。

1.2.2 现有问题

综上所述,国内外领域分析数据集构建理论与实践中主要存在以下几方面的问题。

① 缺乏数据集构建的专题性研究。领域分析数据集构建主要集中于实际操作,并

未形成一定的理论与方法体系。现有的研究比较分散，理论根基并不深厚和扎实，如在数据选择方面，大部分选择方法零星地出现在研究报告中，有关各种数据选择方法的原理阐述得很少，并且对何种方法用于何种情况以及各自的优缺点并没有进行深入的研究。

② 缺乏领域边界界定的研究。科学技术的迅速发展导致学科边界日益模糊，以传统学科主体域为基础，出现了越来越多的交叉综合领域，用户对特定领域诸如交叉性极强的新能源、生命科学、先进制造等领域的分析需求越来越大。特别是针对这些领域开展信息分析时，使用的数据库无法满足需要，数据库中无法找到既定的主题分类，也没有工具提供相应的参考，更没有专家能通晓整个跨学科、综合性领域，类似先进能源、生物柴油、环境医学等领域应该如何进行数据集的构建是一个亟待探寻的问题，可以探讨的问题诸如到底什么是先进能源？哪些数据应该属于先进能源领域范畴？先进能源领域中的主题应该怎么界定？而有关这些问题的研究却未见。领域分析数据集构建必须要解决对于领域的界定问题，界定并不是要研究领域的具体概念，而是应该提出一个可转换性的、标准化的定义，即可以被信息分析人员在面对不同领域选择描绘领域的数据时所使用的领域边界的定义，使领域分析的对象在进行数据集构建时可以被信息分析人员所理解。

③ 缺乏数据遴选普适性规律的探讨。由于学科情报研究工作报告最终形成的结论主要用于决策，具有极强的增值性，而且，大部分情报研究报告和评估报告很难获得，即使可以获得，研究人员可能也无力支付昂贵的索取费用，导致一些报告中提及的数据集构建问题无从知晓，致使数据集构建方法不够透明，分析人员只能依靠自身的经验摸索着进行，很少考虑到数据集构建方法对分析结果的合理性和有效性的影响问题。现有数据遴选方法主要是依赖于检索数据库获取数据，但数据库提供怎样的遴选方式，每种方式具有何种特点以及适用范围等，都缺乏探索。

④ 缺乏数据集的质量控制机制分析。由于现有领域分析工作属于一种探索性分析，数据集构建策略过于灵活，构建过程质量无法控制和保证。特别是，没有考虑数据集“核心性”的问题。用于领域分析的数据集并不是找到即可用于分析，一个“过大”或者“过小”的数据集，耗时、耗力、耗财构建的数据集并不一定是最优的数据集。数据集最佳状态应该是以遵循“最省力原则”为出发点，构建出合适的数据集。例如，遴选出来的数据能满足领域分析目标，能代表领域中的“核心”资源，能足够覆盖领域所涉及的相关领域，这些问题都是领域分析数据集构建过程中需要认真研究的问题。在现有分析工作中，由

于遴选数据的方法相对粗糙，且人工辅助过滤的因素较多，更应该对构建数据集质量进行控制，以改善其构建效果。

从当前学科情报研究工作中所涉及的领域分析数据集构建的理论和实践现状来看，领域分析数据集构建需要解决三个关键问题：一是探讨面向领域分析的数据集构建机理，研究领域分析数据集构建的一般理论和方法；二是在融合学科主体域数据集构建理论和方法的基础上，探讨边界模糊的领域的数据集构建方法；三是领域分析数据集数据质量控制，特别是“核心”数据集质量控制问题。

1.3 研究意义

本书的研究意义主要体现在以下三个方面。

① 阐明领域分析数据集构建的理论。通过领域分析数据集界域理论的思想，提升对领域分析对象认识以及对数据集本质和性质的理解，为领域分析实际工作中针对边界模糊的领域构建数据集提供理论性参考和指导，进而为领域分析工作提供理论基础。

② 探讨领域分析数据集构建方法。通过在现有来源数据的组织状态和领域分析结果数据集之间建立映射关系的思想，实现数据从逻辑状态到物理状态之间的转换，进而完善领域分析数据集构建方法，揭示领域分析数据集构建方法的普适性规律，拓展领域分析数据集构建方法的理论基础。

③ 建立领域分析数据集质量控制机制。通过领域分析数据集质量控制要点的确立，保证构建的数据集具有典型性和核心性，减轻领域分析数据集遴选和处理的负担，寻求提升领域分析数据集质量的途径，进而提高领域分析结论的情报价值，使分析结论能真正满足国家制定领域发展的需求，进而引导具体领域的发展方向。

1.4 研究内容及其组织结构

1.4.1 研究范围界定

从宏观角度，领域可以划分成两种类型，即自然科学领域和社会科学领域。这两个大的领域按照各种不同类型的信息又大致可以分为政治领域、经济领域、社会领域、科学技术领域、交通领域、军事领域、人物领域等。为了缩小本书的研究范围，本研究将领域的类型限定在自然科学技术信息领域。另外，构成领域分析数据集的数据类型可以是政策数据、文献数据、专利数据、投入数据、产出数据等，考虑到用于实证的数据的可获得性，本研究将数据类型锁定在科技文献型数据范围。因此，本研究中领域分析数据集的构建主要是研究面向自然科学技术领域的文献型数据构建问题。

1.4.2 研究的主要问题

本研究主要回答以下几个问题。

- 领域分析数据集构建的相关理论和方法。
- 领域分析数据集边界和疆域。
- 领域分析典型数据的遴选方法。
- 领域分析数据集的质量控制。

1.4.3 研究的思路与内容

本书的研究思路以“实践—理论—实践”为主线展开，具体而言，先按照领域分析数据集构建流程，通过案例分析完成理论归纳，再以实证举例对理论进行检验。书中采用案例分析法和比较法，从领域分析和领域分析数据集的含义入手，按照领域分析数据集构建研究的关键问题，探讨领域分析数据集构建中涉及的相关理论以及它们在数据集构建中的应用价值。在探悉领域分析数据集相关理论的基础上，提出领域分析数据集界域理论，旨在从领域范式和分析目标两个角度界定领域分析数据集的边界和疆域。同时，书中还对现有领域分析来源数据组织状态进行了分析，探讨了领域分析来源数据的提取方式、现有来源数据组织方法以及每种方法的适用范围。然后，结合领域分析数据集界域理论和现有来源数据组织状态，提出了基于界域理论的典型数据映射方法。为保证构建的数据集具有核心性，还研究了在构建各环节中的数据质量控制问题，从定性和定量的角度提出了控制要点。最后，按照领域分析构建流程，对流程中各环节选取具体领域进行模拟实践验证。图1-3是本研究的研究内容框架。

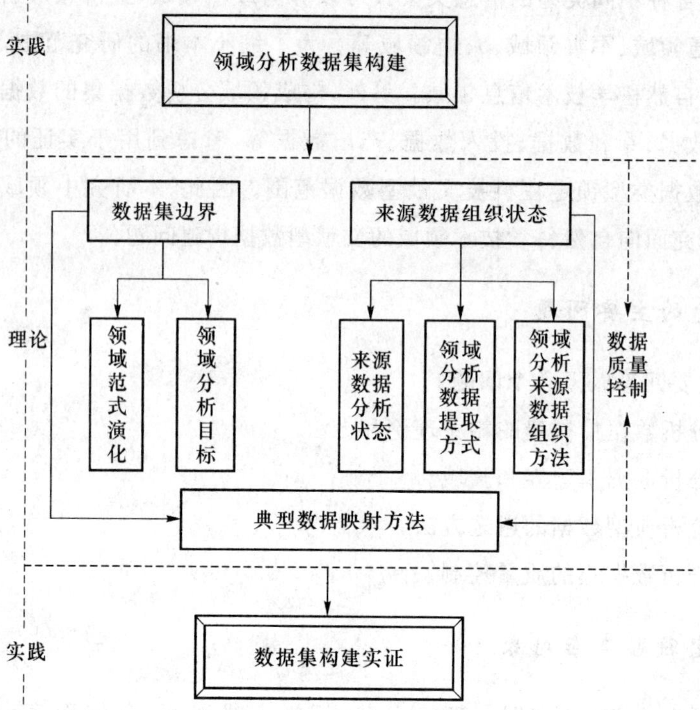

图 1-3 研究内容框架

1.4.4 研究内容的组织结构

第 1 章是本书的引言部分，介绍了本书的研究背景、研究目的和研究意义，分析了国内外研究现状，界定了本书的研究问题，提出了研究框架和内容的组织结构。

第 2 章解析了领域分析和领域分析数据集含义，总结了领域分析数据集构建的相关理论与方法，即信息检索、文献计量和资源评价的理论与方法在领域分析数据集的应用价值。

第 3 章构建了领域分析数据集界域理论，从领域范式演化、领域分析需求和领域分析目标三个方面入手，研究了领域分析数据集的边界和疆域，具体指出了不同类别领域范式、不同层面的领域分析需求和目标分析以及相应数据集应该包括的要素。

第 4 章总结了现有来源数据组织状态，根据领域分析来源数据提取与信息检索的差异，限定了领域分析来源数据的提取方式。在此基础上，归纳了现有来源数据组织方法以及各种方法的适用条件。

第 5 章按照界域理论界定的领域分析数据集边界，根据现有领域分析来源数据组织状态以及典型数据组织状态，揭示了基于界域理论的典型数据映射方法，其中包括基于领域范式演化和领域分析目标的典型数据映射方法。

第 6 章探讨了领域分析数据集数据质量控制问题。为保证构建的数据集具有核心性，根据领域分析数据集构建流程，从定性角度分别制定了数据来源、数据映射以及结果数据的控制要点，同时又从定量角度对结果数据控制效果提出了测度指标以及具体的测度方法。

第 7 章对相关研究内容进行实证研究，分析验证过程和结果。

第 8 章总结本研究的工作和创新之处，提出研究中的不足和有待进一步研究的问题。

第 2 章 领域分析数据集构建相关理论

2.1 领域分析

2.1.1 软件工程中的“领域分析”

软件工程中的“领域分析”概念起源于 20 世纪 80 年代。1981 年 Neighous 在他的博士论文《使用部件的软件构筑》中首次提出了“领域分析”(Domain Analysis),把其定义为“识别、捕获和组织特定领域中一类相似系统内对象、操作等可复用信息的过程”,它的目的是支持系统化的软件复用[39]。之后,众多学者围绕领域分析进行了大量的研究和实践工作,形成了许多关于领域分析的不同概念和方法,但从本质上都普遍认为领域分析是在一定领域内开展的以领域定义、领域共性和特性描述、领域内概念、数据、功能及其关系识别、领域体系结构开发为目标的系统化分析过程[40]。图 2-1 是软件工程中“领域分析”过程的框架图,它所关心的是一个领域内所有相似系统中的对象和活动的共同特征与演化特性,是发现和记录某个领域共性和差异的过程,主要是为了让软件系统开发过程中所运用的领域知识,能够在新系统中再度被运用而产生的归纳、描述跟组织化的一连串流程。

2.1.2 情报科学中的“领域分析”

20 世纪 90 年代以来,“领域分析”被作为一种新的范式引入情报学。它借鉴了社会学的理论与方法,以社会学的视野来考察情报现象,并且广泛吸收其他相关学科,如科学哲学、科学社会学、社会心理学、社会语言学、知识社会学等研究成果,开创了情报学研究的新流派。

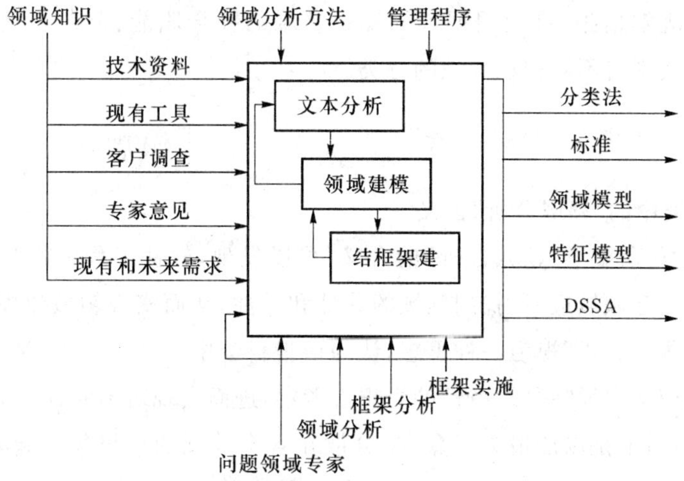

图来源：林正奎，杨德礼．领域分析方法研究综述[J]．计算机工程与设计，2006(2)：593-596

图 2-1　领域分析过程框架

情报学中的领域分析思想可以追溯到 20 世纪 60 年代。Mote 在 1962 年从学科领域类型的角度研究情报需求，认为主题领域的类型决定需求的类型；之后，Saracevic 于 1975 年提出了相关性的学科知识观点和学科文献观点；1987 年 Bates 提出情报搜寻行为是随专业领域而变化的，建议不同的专业领域应该采用不同的情报检索策略；R. S. Taylor 于 1991 年阐述了"情报利用环境观"；T. Mann 于 1993 年讨论了"特定学科模式观"[41]，这些都是情报科学中领域分析的先导。1993 年，在俄亥俄州哥伦布市召开的美国情报学年会上 Albrechtsen 安排了一个关于领域分析的专题，Rosenbaum 就其思想进行了阐述。

1995 年 Hjorland 和 Albrechtsen 正式在《美国情报学学会会刊》上发表了长篇论文《迈向情报科学的新地平线：领域分析》[42]，并提出了"领域分析"。该文后来成为了领域分析的经典作品，在文章中他们一致认为"过去和现在的许多情报学探索都隐含有领域分析的假设，只是没有成为一种有意识的、系统的研究"。他们把"领域分析"看成是情报学的前沿。作为情报学的前沿，领域分析的主要观点是认为在情报科学中，研究情报的最好方式是以思想群体和语言群体的知识领域为对象，把情报视为社会分工的一部分，重点是从社会角度理解用户的情报需求，以及不同的学科和知识领域（knowledge-domain）的情报系统的功能及差异[43-45]。

这些观点的理论研究应用于实践层面主要是解决对某一个主题领域的知识整理，最终是要实现对特殊领域知识进行分类。所以，情报学中的领域分析重点是集中于从"知识领域”的角度理解情报，进而根据不同知识领域的社会职能、个人心理、知识、信息需求、主观标准等实现对不同知识领域的分类。

2.1.3 情报研究中的“领域分析”

1. 情报研究中的“领域分析”含义

分析两个学科所赋予“领域分析”的含义，可以发现，软件工程中将“领域分析”视为一种方法，通过界定领域边界、找到领域的共性和异性，从而实现领域建模和复用。而在情报科学中把“领域分析”视为一种思想，认为情报科学中的情报心理、情报知识、情报需求、情报行为都应该遵循“领域分析”的思想去考察，进而实现对不同领域的知识分类。

情报研究本质上是以情报为对象，将分散在各个领域的情报集中起来，对集中的情报内容以全局的视野进行洞察研究，得出新情报的一种科学研究活动。综合上述两种对于“领域分析”的理解，情报研究中的领域分析可以借鉴软件工程中“领域分析”的操作方法和情报科学中“领域分析”的人性化思想，将“人性化思想”融入于关注的研究领域，采用“操作方法”围绕特定主题领域中的特殊知识开展分析活动。

确切地讲，情报研究中的领域分析是指针对用户信息需求在内容上的共性需要，以信息工作手段和科学研究方法，采集、选择、鉴别可以代表领域共性的数据信息和相关资料，经过分析整理、综合归纳、评估抽象、判断推理等研究加工，提出有依据、有分析、有评价、有预测性的意见，以揭示领域发生、发展、现状、变化和未来发展趋势、客观发展规律与特点，以及它与其他事物联系的研究结论，为相应的决策提供支撑服务的一种学科情报研究工作。

情报研究中的领域分析是应大时代和大科学的要求，以高于单一学科研究任务、满足具有集成特征需求的科技情报研究工作。它与软件工程和情报科学中的“领域分析”的区别在于，情报研究中的领域指的是科学研究领域，并不是指客观世界的某一方面或某种自然现象，而是指已经掌握的知识或资料（包括理论的和事实的两方面）的一个整体[41]。

根据上面的定义，作者认为，领域分析的含义可以理解为一种思想、一种方法、一种活动。一种思想是指领域分析的提出是应大时代和大科学的要求，以高于单一学科研究任务、满足具有集成特征需求的科技情报研究工作，最终以带有决策性作用的思想辅助用户领域需求。一种方法是指领域分析在揭示领域结构、发展、现状和未来发展趋势等过程中，需要借助或形成分析领域的特殊方法。一种活动是指在完成领域分析工作过程中，需要一系列步步紧扣的环节，主要环节包括需求分析、采集鉴别信息、整理加工资料、提出分析研究结果，这些环节的完成是情报人员主体满足领域分析客体的一种情报研究活动。

2. 情报研究中的“领域分析”特点

(1) 交叉性

以学科为基础单元的领域分析与学科的发展变化同步，因此表现出较强的交叉性。这种交叉性一方面表现在自然科学与社会科学、科学问题与技术问题、技术与经济等学科领域交叉而产生出来的特点；另一方面表现在由于领域分析工作的开展要借助情报学和其他科学研究方法的交叉以及情报学内如信息组织、信息检索、文献计量学、信息资源等的交叉。因此，在开展领域分析时，需要梳理出领域分析的内在关系，从交叉网络中找寻用于领域分析各个环节中的突破点。这种交叉性的特点足以体现出领域分析工作的复杂性和困难性。

(2) 综合性

综合性特点主要体现在两个方面：一方面是现代科学技术的发展由于科学技术综合化的趋势愈加明显，学科之间和学科内的联系愈加紧密，由对一个领域的考察和分析往往可以引发出一系列综合性问题，这些问题涉及政策、经济、科学、技术等方面；另一方面，用户在针对某一个领域或问题提出分析需求的时候，需求包含的内容从宏观到微观，从科学到技术，从投入到产出，从现状到趋势等，它们都体现出领域分析需要向综合化发展。

(3) 先导性

领域分析往往是对未知内容进行探寻，于是先导性是由领域分析内容自身的特点所决定的。而先导性更重要的含义是指在领域分析过程中，为解决某些新问题、新事物，要求情报分析人员采用的方法、手段和技术具有先导性，才能得到相应的分析结果。因此，领域分析要求情报分析人员不断地适应各种分析需求，以高度的敏锐性、极强的学习能力不断汲取各种新知识应用到领域分析中。

(4) 时效性

科技情报研究分析工作本身就具有较强的时效性，一些情报研究任务都是为了紧密结合用户的需求而进行的超前服务，特别是面向领域开展的情报研究工作。因为领域本身具有的前沿性以及对解决重大问题的影响性，都要求领域分析工作必须具有时效性。当科学家在解决某个技术疑难问题时，需要了解该领域国内外技术发展的情况，一旦延误了时机，不但影响整个研究的进程，更可能会降低研究成果的创新性，那么此时的领域分析结果也就失去了情报价值。

(5) 探索性

探索性主要是指情报分析人员开展分析工作的行为是一种探索式的。探索性贯穿于整个领域分析的工作之中,从领域分析需求提出开始,直至最后情报研究结果的提出,各个环节都需要情报分析人员不断摸索。这主要是由于一些领域分析对象不够清晰,领域分析方法不够确定,领域分析目标不够单一,所以致使情报分析人员在尽可能保证领域分析结果客观科学,对决策具有辅助作用的前提下,需要不断探索。

(6) 动态性

领域分析是一个动态性的概念。这是因为,领域的发展是随时间变化而变化的,特别是面向重大科学交叉的前沿性领域,要么产生的某些科学发展和突破往往会有惊人发现,要么一些本来有意义的进展可能来自难以预料的研究活动,要么受一些政治上或经济上的变化干扰领域活动,所以,领域分析需要不断地进行,既包括分析过程中的不断调整,也包括分析结束后的不断跟踪,这样的领域分析才能对调整和完善决策更具有辅助性。

2.2 领域分析数据集

2.2.1 领域分析数据集的含义

领域分析数据集在领域分析链条中位于分析需求与数据分析两个环节之间,是整个分析链条的基础环节,是在理解用户情报需求之后,采取情报搜集加工行为而形成的一种为分析和决策提供基础材料的信息集合。具体而言,领域分析数据集就是为满足用户特定需要,以较大产出原则,从与用户需求的特定知识领域密切相关的客观知识源中,遴选出可以用于揭示目标领域产生、发展、现状、未来发展趋势、客观发展规律与特点,以及它与其他事物的关联结构的信息集合。在本书中特定知识领域限定为自然科学技术领域的知识;信息集合限定为文献数据集合。

它具有以下含义。

(1) 领域分析需求是领域分析数据集构建的基础和目的。首先,领域分析需求是用户共性领域关键问题的一种外现。用户描述的信息需求,是进行数据集构建可操作的切入点。因此,在进行构建数据集之前,识别领域分析需求是领域分析数据集构建的关键问题。同时，不同的领域分析需求还依赖于领域分析数据的获取源及其获取途径，不同的数据获取源和其获取途径都会导致构建的数据集的差异。

(2) 领域分析数据集选取行为要随领域类别而变化。情报学中的领域分析揭示出应该从不同知识领域的视角分析领域知识，因此，不同领域应采用不同的数据获取源、遴选方法和策略来选取不同类型的数据，这样才符合领域分析中领域间的异性思想，又能满足领域内的共性需求。

(3) 领域分析数据集本质上是一组在主题上具有相关性的"信息"。领域形成的根本就是在主题内容上依靠一组相关性的信息或知识来支撑。信息具有显性和隐性的特征，领域分析搜集的信息不仅要实现显性信息的集中，还要挖掘分散的隐性信息，这种隐性信息主要是由于领域分析自身的属性和领域大小的不同而产生的。因此，不仅要找到与领域分析需求最密切相关的信息，还要寻找突破这些传统信息的途径，获取分散于其他学科或领域的相关信息。

(4) 以较大产出原则构建数据集。这里的较大产出原则并不是说数据集越大越好，也不是说数据集过小就不好。而是要尽可能构建可以满足用户分析需求和分析目标的数据集，揭示出领域的产生、发展、现状、未来发展趋势、客观发展规律与特点等领域状态的合适数据集。这种合适的数据集在科学技术信息方面体现得尤为突出，一般情况下，少量的同类数据集(如 10%)就可以基本涵盖领域大部分(如 90%以上)的信息量。因此，只要构建的数据集在信息量上足以揭示领域，可以实现较大产出，这样的数据集就是合适的且有代表性的。

2.2.2　领域分析数据集构建研究的关键问题

通过对领域分析数据集含义的解析，可以看出领域分析数据集构建研究的关键问题主要有三个。

(1) 领域分析数据集边界是什么？

领域分析数据集构建随领域类别和分析目标而变化，按照不同的领域类别和不同的分析目标确定领域分析数据集应该包含的要素，可以指导之后的数据遴选工作。因此，界定领域分析数据集边界是领域分析数据集构建的首要问题。特别是面对领域边界的日益模糊，分析需求的愈加纷杂，探求领域类型和分析目标的共性特征来解决代表领域分析数据集的异性的领域知识的界域理论至关重要。

(2) 如何获得一组主题相关性的"信息"？

获得一组主题相关性的信息是研究领域分析数据集的遴选方法问题。遴选方法的研究，既要根据现实来源数据的组织状态而确定，也要考虑领域分析数据集的边界，这样才能保证寻找到在主题上相关的显性信息和隐性信息，实现领域状态的揭示。

(3) 怎样控制数据集使其合适且有代表性？

保证构建的数据集具有核心性和典型性，是领域分析数据集构建始终要恪守的宗旨。因此，应该研究构建过程中各个环节的数据质量控制问题，进而提升构建数据集的效果和质量，实现以少量资源满足较大产出。

2.3 相关知识在领域分析数据集构建中的应用分析

按照领域分析数据集构建流程，领域分析数据集相关理论涉及情报学中的文献计量、信息检索、信息资源评价等内容，因此，下面将分析这些相关知识在领域分析数据集构建中的应用，如图 2-2 所示。

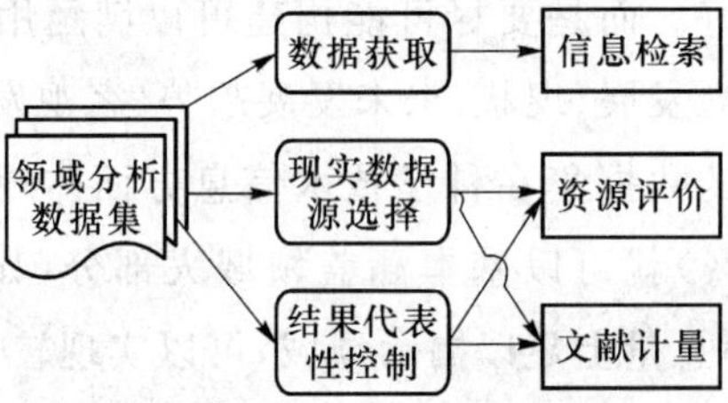

图 2-2　领域分析数据集构建的相关理论

2.3.1　信息检索

信息检索知识在领域分析数据集构建中的应用，主要是为分析人员获取领域分析数据提供检索技术支持。

1. 领域数据的采集渠道

本书所研究的领域分析数据集主要是面向文献型数据，文献可以分解为各个特征字段，而信息检索技术是获取文献各特征字段的最佳手段，它是文献信息存储的一个逆向过程，如图 2-3 所示。根据信息检索原理图，在文献输入端，信息存储方式搜集、筛选原始文献；对所选出的文献进行主题分析，获取主题；将主题转换成为主题词或分类号(即文献标识)；著录文献的内容特征和外部特征；通过数据库设置的字段作为文献特征的基本单位，将不同文献特征的字段组织在一起形成一条文献记录；按照一定的排检方法，将记录组织成文献集合。因此，信息存储系统就是一个将文献结构化收录的集合。反过来，信息检索为用户从存储系统中提取文献提供了可能，它按照存储于检索工具中的文献特征，通过检索系统的入口，查找与检索提问匹配的存储系统中的文献标识，当两者达到一致时，即为“命中”文献，进而获取文献数据。

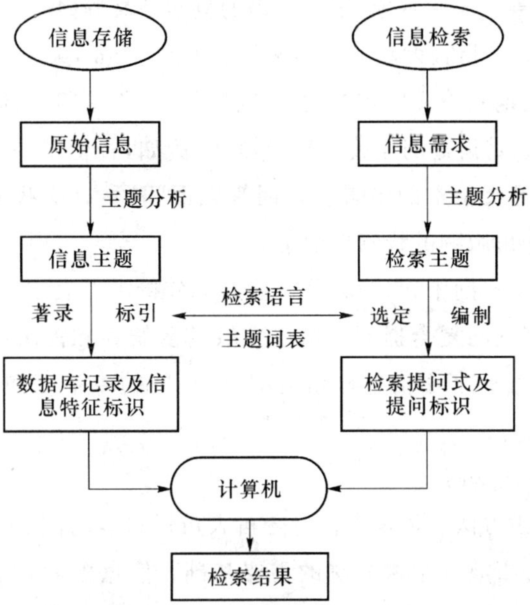

图 2-3　信息检索原理图

信息检索技术作为文献提取的重要技术，实现了文献存储与利用的互动，是领域分析数据集数据采集的主要渠道。

2. 文献特征的集中代用

在存储信息的数据库系统中，文献的内部特征和外部特征以字段的形式存在，以此为基础，再利用信息检索技术通过检索入口从信息存储系统中提取所需要的相应字段。信息检索系统汇聚了文献的各种特征：外部特征，如著者、题名、刊名、会议名称、序号等；内容特征，如分类途径和主题途径等，这些特征都被集中在同一检索工具中。因此，信息检索系统将文献的各种特征集中表现，通过检索入口在信息分析人员与数据库文献记录之间建立起联系。信息分析人员只需根据用户分析需求和领域特点，从多角度描述领域分析数据集的特征，并将需要的文献特征对应到信息检索系统中的文献记录，即可获取数据。例如，为了了解领域的发展历史、研究现状和发展趋势，可以从分类途径入手，辅以主题检索途径；为了了解领域内的著者或机构水平，可以从著者途径入手。

3. 提问属性的基本组分

信息检索提问的属性类别是领域分析需求的基本组成部分。信息检索的基本属性主要包括以下几类[47]。

(1) 数据检索或事项检索。它是指查询特定事物(件)的具体数值数据、具体事实的检索提问,例如,检索某一科学现象、某一术语的科学定义等。

(2) 书目检索。它是指查询获取原始文献的提问,例如,某一部专著在哪一个图书馆可以借到,已知某一篇期刊论文所在的刊名、卷期号、出版日期,如何借到该期刊等。

(3) 文献检索。它是指查询相关文献的提问,例如,查检某一主题的最新文献,某一著者的全部著作等。这类检索的结果应该回答以下问题:有哪些文献;这些文献的基本内容;刊登这些文献的出版物的线索性信息。

在这三类主要检索提问中,与领域分析数据集分析需求表现一致的是第三类检索提问,或者是上述几种属性的复合提问。由于领域的复杂性和需求的多样性,领域分析需求类别的数量和目标远远多于信息检索提问,而提问的专指度和明确性却低于信息检索提问。

4. 数据获取的方法基础

信息检索中的检索方法可以辅助信息分析人员以最少时间、最佳途径快速获取领域分析数据,它是领域分析数据选取方法的重要基础。信息检索方法主要包括工具法、追溯法和综合法。在构建领域分析数据集时,根据分析内容、分析目标和占有资源,结合各种检索方法的检索特点,考虑选择相应的检索方法,可以有效提高构建效率。例如,要分析领域内的关键性技术问题,可以采用倒查法查找最新技术文献;要分析领域内的新兴学科,起点年代不长,又有准确可查的起始年代,一般可以采用顺查法和倒查法等;在不能确定领域的密切相关领域时,可以使用追溯法进行,查找到相关领域的文献。

2.3.2 文献计量

科技文献是科技知识的客观记录,而各种科技知识又都需要以文献的形式来记录、保存、传播和利用;同时,科技文献的数量变化直接反映了科技知识量的变化情况。因此,可以以科技文献的数量和质量作为度量领域状态的一种尺度。

在传统的文献数目统计中,文章作者、编辑和数据标引员在处理信息时,常常表现为一种人类对知识或语言的选择过程。如果在全部文献范围内对这种选择进行统计分析,就可以看出它们常常具有集中与分散现象。为了从数量上研究集中与分散现象,人们常常需要固定文献的某一个内容表示,如某一主题标目,然后统计与此同时发生的其他标识,如作者名、期刊名等。当使用等级排列的方法去处理这些数据时,就会明显地表现出文献的集中与分散现象。文献计量学正是基于这种由人工标引项所构成的分布而展开的,建立了一系列经验分布式。文献计量学是以科技文献为研究对象,采用数学、统计学等计量方法,通过探讨科技文献本身的规律和现象,进而揭示科学技术规律性的科学[48]。由于领域分析数据集中的数据来自科学技术领域的文献数据,因此,文献计量学成为了数据集构建的主要基础理论,它在领域分析数据集构建中的应用价值主要在于对分散文献的集中和对典型文献的选择。

1. 分散文献的集中

长期以来,许多学者对科技文献分布的特点、结构及规律性进行了探讨,发现某一主题的科技文献的80%左右集中在不到20%的期刊上,而20%左右的论文却分散在80%以上的期刊中;大多数作者一生只能发表一篇或两篇文章,而为数不多的一些作者却成果累累,一生发表几十篇或数百篇文章;人们写文章时总爱选择常用的、传递功能强的词。在文献计量学中把这种现象称为文献的集中与分散。

文献计量学的四大集中分散定律是布拉德福定律、洛特卡定律、齐普夫定律和加菲尔德期刊引用定律,它们都揭示了某一具体对象在其主体来源中的集中与分散规律,其重要特点是,所考察的具体对象的绝大多数集中于少数主体来源;而具体对象的少部分却分散在大多数的主体来源之中[49]。具体而言,布拉德福定律即为“如果把科学期刊按其刊载关于某一学科文章的数量多少,以递减的顺序排列起来,在所得到的清单中,可以分出直接为此学科服务的核心期刊,而另外几个组或区中,每组期刊所登载的文章数量与核心期刊所登载的文章数量相等”。洛特卡定律即为“发表两篇论文的著者大约是发表一篇论文著者数量的1/4,发表三篇论文的著者大约是发表一篇论文著者数量的1/9,而所有发表一篇论文的著者占著者总数的比例大约是60%”。齐普夫定律即为“如果把一篇较长文章中每个词出现的频次统计起来,按照高频词在前、低频词在后的递减顺序排列,并用自然数给这些词编上等级序号,即频次最高的词等级为1,频次次之的等级为2,…,频次最小的词等级为D。若用 f 表示频次,r 表示等级序号,则有 $fr=C$(C 为常数)”。加菲尔德期刊引用定律即为“各个学科核心期刊不超过1000种,最主要的核心期刊将少于500种”。这些主体来源的集中与分散具体表现为:布拉德福定律揭示的是论文在期刊中分布的集中与分散现象;洛特卡定律揭示了作者科学生产力的集中与分散现象;齐普夫定律揭示的是词频在文献中分布的集中与分散现象;加菲尔德期刊引用定律揭示了引文在期刊中分布的集中与分散现象。

正是由于这些不同类型的文献计量过程所表现出的集中与分散现象,不自觉地形成了人们的一种人为控制和选择，也构成了领域分析数据集构建的理论基础。它们在领域分析数据集构建的应用价值在于，将领域内分散的文献集中，便于选择，可以集中的信息单元包括期刊、机构、著者、关键词、参考文献等。因此，在领域分析数据集数据提取中，布拉德福定律可以作为核心期刊提取方式的基础；洛特卡定律可以作为核心机构提取方式的基础；齐普夫定律可以作为热点词语提取方式的基础；加菲尔德定律可以作为高被引文献提取方式的基础。例如，环境保护学的情报源分布非常广泛，利用加菲尔德期刊引用定律就可以用来寻找领域的相关数据源。这主要是由于文献间存在相互引证关系，通过引文聚类分析，特别是从引文间的网状关系进行研究，能够探明有关学科之间的亲缘关系和结构，于是就可以发现环境保护学与农林科学、卫生学、生物化学等 12 个学科领域相关。这样不仅可以了解该学科与哪些学科有联系，还能探明其情报的来源及分布特征。

2. 典型文献的选择

随着科学技术的发展，其研究领域迅速扩大、学科分支越来越多、科研队伍不断壮大、科研经费大大增加，使科研战线不断有所发现、有所发明、有所创造、有所前进，这种科研成果的大量涌现，势必导致记录科技成果和知识的科技文献不断增长。相反地，社会的发展和知识的更新，必然会引起或影响人们对新旧文献选择的变化。一般来说，旧文献的使用频次将逐渐降低，并让位于新生的文献。这种现象称之为文献的增长与老化。

正是由于文献表现出的增长现象和老化现象，为领域分析数据集构建时根据文献的使用情况选择文献提供了判断依据，辅助信息分析人员选择典型文献数据来代表领域状态。在领域分析数据集构建过程中，对于增长现象而言，选择相对较长时间内增长速度最快的数据，可以用于分析领域的研究热点；选择相对较短时间内增长速度最快的数据，可以用于分析领域的发展前沿和未来趋势。并且，这些增长变化还可以反映一个国家某项技术的发展优势和所达到的水平，以及反映某一分支学科或技术领域的产生、发展的全过程和未来的趋势等。对于老化现象而言，文献的利用程度越高或者是影响力越大，其文献老化速度越慢。据此就可以通过科学文献老化指标，根据掌握文献的特性，判断文献的时效，来确定选择的文献、期刊、机构或者是作者的价值。例如，文献老化与文献的类型和性质有关。通常，科学专著要比期刊论文、科技报告、会议文献等的半衰期长，经典论著要比一般论著的半衰期长，理论性刊物要比通讯报道性刊物的半衰期长，论述性文章要比介绍性文章的半衰期长，评论性文献比研究论文的老化要慢一些，等等。因此，在数据集构建过程中就可以根据不同文献类型和性质选择老化速度慢的文献。

此外，典型文献的选择除了借助文献计量学中的增长规律和老化规律以外，引文规律也可以发挥这一功效。因为增长和老化都以文献的利用程度为标准，而文献的引证关系也表现为对文献的利用程度，并且根据引用的频次高低更利于选择高质量的数据。例如，通过引文分析，可以鉴别机构、期刊、作者的影响力和重要性，从而可以选择高质量的机构、期刊、作者数据进入到领域分析数据集，切实保证找到的数据是领域中的核心资源。

2.3.3 资源评价

资源评价可以发生在资源选择过程前、过程中和过程后，对于领域分析数据集而言，资源评价主要发生在数据集构建前和数据集形成后，借助它可以辅助信息分析人员选择现实信息源，测度结果数据集。

1. 与信息内容相关的定性评价

对遴选文献数据而言，甄别文献数据的质量至关重要。甄别过程中必须要考虑文献数据与分析目标的匹配性以及它与分析内容的相关性。现有资源评价的对象主要围绕实体馆藏、虚拟馆藏、网络信息资源以及学科信息门户的资源内容进行，目的是辅助图书馆馆藏建设和互联网资源建设；评价的内容主要是从信息资源内容、形式和费用三个角度考察。领域分析数据集构建的评价主要与信息内容相关，因此，这里主要借鉴资源评价中与信息内容相关的评价标准。

在资源评价中，许多学者对资源评价的定性指标表述方式不同，但评价的侧重点都基本相似。例如，1991 年，Betsy Richmond 就提出了评价网络信息资源的 10C 原则，即：内容(Content)、可信度(Credibility)、批判性思考(Critical thinking)、版权(Copyright)、引文(Citation)、连贯性(Continuity)、审查制度(Censorship)、可连性(Connectivity)、可比性(Comparablity)和范围(Context)[50]。1998 年，蒋颖在其论文《因特网学术资源评价：标准和方法》中认为，网上信息资源评价标准可以包括信息质量(学术水平、可信度、时效性、内容的连续性)、范围(提供信息的广度和深度)、易用性(链接速度快、无空链)、稳定性和连续性等[51]。2005 年，SOSIG(Social Science Information Gateway)提出的内容指标包括有效性、权威性、准确性、广泛性、独特性等[52]。

上述指标对于领域分析数据集构建可以在以下四个方面发挥作用。

① 判断文献数据与分析领域的相关性，保证领域分析数据集与分析内容匹配。例如，10C 原则中的"内容"、"可比性"，SOSIG 的"有效性"等指标。

② 判断数据来源中的文献数据的权威性，用于遴选分析领域中的主要来源、有声望

的机构或专家、研究领域中的突出作者等。例如，10C原则中的“可信度、版权、审查制度、引文、范围”，学术资源评价中的“信息质量（学术水平、可信度）”和“范围（提供信息的广度和深度）”，SOSIG的“权威性”等指标。

③ 判断资源来源中收录文献的全面性，保证领域分析数据集在数量上和内容上具有一定的覆盖度。例如，10C原则中的“连贯性、可连性、范围”，学术资源评价中“信息质量（内容连续性）、范围（提供信息的广度和深度）”，SOSIG的“广泛性”等指标。

④ 判断文献数据的时效性，为分析领域的热点和前沿提供数据支持。例如，学术资源评价中的“信息质量（时效性）”，SOSIG的“独特性”等指标。

这些资源评价的定性标准对于领域分析数据集构建时遴选高质量数据可以发挥一定的作用，但它们没有完全体现出领域分析数据集的核心性和典型性，而数据集的核心性和典型性恰恰是体现领域分析数据集“以少量资源具有大量产出”原则的重要保证。对于这个方面的研究将在之后的章节中详细探讨。

2. 与结果质量相关的定量评价

对于文献集合而言，表征结果质量最好的定量评价指标就是查全率和查准率。根据查全率与查准率的定义可以知道，查全率与查准率都是与“资源总量”相关的概念。而对于领域分析数据集而言，一方面，由于领域的不确定性和动态性，导致“总量”无法计量；另一方面，对于领域分析数据集也不要求做到结果的完全精准，因此，利用这两个指标进行测度可操作性不强。但是，可以将二者的含义延伸，借鉴“相对”的概念进行评价，如相对查全率和相对查准率，具体的测度方法将结合后面的深入研究提出。

2.4 小 结

本章在讨论了领域分析及其数据集含义的基础上，结合领域分析数据集研究的关键问题，阐述了领域分析数据集构建涉及的相关理论和方法，并且分析了这些相关知识在领域分析数据集的应用价值以及它们与领域分析数据集构建之间的关系。在下面的章节中将逐一解决领域分析数据集构建研究中的关键问题，探讨领域分析数据集构建的理论与方法。

第3章　领域分析数据集界域理论构建

领域分析数据集是以领域为主要对象，对于“领域”的定义，《辞海》(1999 年版)中解释是“国家主权所及的区域；思想意识和学术研究或社会活动的范围，如思想领域、自然科学领域[53]”。《牛津高阶英汉双解词典》(*Oxford Advanced Learner's English-Chinese Dictionary*)(第四版)对“domain”的解释是“贵族、政府等的领地、领土；思想、知识或活动的领域、范围和范畴[54]”。这两个定义揭示出以领域为对象的研究，需要界定其边界或疆域。

领域分析数据集界域理论就是要研究数据集的边界和疆域问题，即数据集中应该包含哪些文献型数据才能足以揭示领域的状态和特征。对数据集边界和疆域的界定，除了可以为不同特定领域和分析目标的数据选取提供参照标准外，还可以实现对结果数据集的质量控制，从而更好地实现分析目标，满足用户的分析需求。领域分析数据集界域标准主要是由分析对象决定，其中分析对象既包含领域本身，也包含分析目标。因此，本章将从领域、分析需求和分析目标三个方面构建领域分析数据集界域理论。

3.1　基于领域范式演化的领域分析数据集界域

3.1.1　领域范式演化

1. 领域范式演化过程

科学发展的精细化、微分化与综合化，致使来自各领域的丰硕研究成果与新发现给人们带来日益开阔的新视野与新观点，但同时也使得传统的学科边界表现出模糊的状态。随之而来的是，传统以单学科范畴为主的学科主体领域范式已经向以交叉学科范畴为主的领域范式演化。

(1) 单一学科范畴的领域范式

《中国大百科全书》把学科等同于“知识门类”或“知识领域”[55];《辞海》(1999 年版)中“学科”的释文是“学术的分类,指一定的科学领域或一门科学的分支[53]”。这些定义反映了单一学科范畴是领域范式形成的基础。

从总体上观察学科的发展,可以发现,物理、化学、数学、天文、地理等典型而成熟的学科的领域边界的界定还算比较清楚而明晰,这些学科已经成为学科群的“内核”。近代科学阶段,学科领域的范围还相对狭窄、单一,主要围绕一门学科的发展而发展。但到了现代科学阶段,由于科学、教育发展和社会实践的需要,由内核四周繁衍、分化、组合、产生出大量形形色色的新学科,这些学科大小不同、层次不一,它们构成了宽阔的学科“模糊带”。这些“模糊带”的存在使学科定义和分类颇为困难,致使学科领域边界不再清晰。

按照德国波库大学黑克豪森(H. Heckhausen)基于学科内容界定的标准,如研究对象、研究理论、研究方法、分析工具、科学共同体等内容[57]来界定现有学科结构会发现,不同学科中任何两个元素发生变化都可能会导致学科领域的延伸与扩展,从而填补不同学科间的空白区,推动学科间交叉、渗透和融合。学科知识体系中,因知识重组而表现出来的异质性、杂糅性、复合性等凸显了当前领域的特征。如果依据学科知识体系构成的五要素来区分学科之间的界限,很容易发现,现有学科领域都不符合严格意义上的学科判断标准,只满足其中的几个要素,而不是全部。因此,传统的以单学科为代表的领域正在向多学科、跨学科,甚至是超学科形式转换。随之产生的变化是领域的边界不再清晰,在宏观层面上打破了自然科学领域与社会科学领域的边界;在微观层面上打破了自然科学领域内各门学科之间以及社会科学领域内各门学科之间的隔离界限。按照美国学者库恩曾提出的科学发展中“范式”的转化观点,目前,学科内核组成的单学科主体领域范式正在向因知识重组而形成的交叉学科范畴领域范式转换。

(2) 交叉学科范畴的领域范式

单一学科范畴的领域范式驱动着领域向交叉学科范畴形式演化。交叉学科范畴的领域范式主要是指按照知识结构需求,通过渗透、融合、汇聚所需要的各范畴知识而重新组织知识结构,形成的一种领域模式。

这种范式的产生主要是基于以下三个原因而产生。

- 科学的分化使单一学科研究日益深入,这种深入总会达到一定的边界,在这个边界处将暴露本学科的研究对象含有别的学科研究对象的某些属性。于是,为了全面而深入地认识本学科的研究对象,必须运用别的学科的理论和方法考察本学科研究对象的某些属性，这样通过渗透其他范畴知识就形成了新的领域范式。

- 各类学科研究对象的结构总有某些共同的属性，越是深入研究本身的对象，越会揭示出各种对象结构之间的共同成分、联系和关系。因此，这些共同的属性，通过汇聚和融合便形成了新的领域范式。
- 问题是科学研究的起点，研究对象由于存在有待解决的问题而发展，因此，提出一个问题比解决一个问题更重要。交叉学科范畴的领域范式正是为解决某些"空白处"的问题而设立，它往往是问题甚至是前沿的代名词。前沿和问题都体现了未经探寻或探寻不够深入的内容，对于这些问题的研究结果就可能会导致一个新领域的产生，如图 3-1 所示。例如，有的是因为某项重大研究课题的开展形成了专门的研究领域；有的是由于某个大型设备的研制导致了一个新的研究领域的产生。这种领域体现出四个特征：各个项目在它们之间的某种关系的基础上联合为一个整体；对于这样的相关联的整体发生了某些疑难问题；它是一个重要的问题；科学对于讨论这个问题是有准备的。除具备这四个特征外，在此原因下形成的领域发展遵循"蚕—茧"式规律，即由问题或前沿而开展的某项课题研究，随着课题研究的逐步深入和课题产生知识的累积性增长，这就如同蚕和茧的更迭过程[58]。课题选择和确立的初期就好像"蚕种"，当经过某种科学手段完成整个科研过程中最复杂、最困难的阶段达到成熟条件时就形成"成虫"——领域雏形。相继随着研究成果的产生，一些新理论成长发展，并在"作茧"过程中不断进行自我修正和完善，再暴露出新的问题，又一次成为新"茧"。就这样，"提出问题—解决问题—产生结论—修正问题—提出问题"，在不断往复的过程中会最终形成一个新领域的特定理论、特定方法、特定经验等，最终作为固定领域出现。

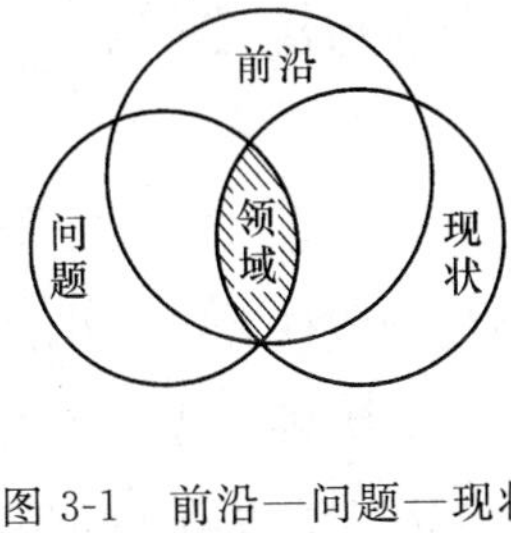

图 3-1 前沿—问题—现状

结合上面三个产生原因，可以发现，交叉学科范畴的领域范式中领域的特征表现为

- 具有类似的用户需求；
- 任意相关知识组合；

- 共同实现一个目标；
- 共同描述了一个问题空间。

2. 领域范式含义

(1) 领域是范畴

领域在本质上代表一个边界之内的活动或知识，如物理领域、化学领域、数学领域等。于是领域可以理解为是一种范畴，范畴即代表人的思维对客观事物的普遍本质的概括和反映，代表范围。

按照这种范畴的角度，研究领域就应该从边界入手，界定其范围，进而揭示领域的特征和状态。此外，范畴即代表类，领域因此也体现了类的含义。类有大小之分，领域也有大小之分，无论大小只要属于同一范畴即属于同一领域。

(2) 领域是学科

学科意味着共同的思想活动，因此，领域是学科，可以把学科视为领域的组成单元。单元的数量可以是一个，也可以是多个。此时，领域和学科之间是一种包含关系。

领域与学科还表现出一种融合的关系。因为各门学科都有自己特定的研究范围和边界，这些范围和边界即可视为领域的范围和边界，所以往往开展领域研究时实际上就是学科的研究，二者相互融合密不可分。

由于领域与学科的紧密关系，它的范围也与学科范围的变化相呼应。随着科学知识的不断进步，社会发展的不断需要，近代科学时期，领域的范围还相对狭窄、单一，主要围绕一门学科的发展而发展。而到了现代科学时期，不同学科之间相互作用、相互融合日益广泛和深刻，从中产生了大量的新兴交叉学科。因为，自然界的各种现象之间本来就是一个相互联系的有机整体，人类社会也是自然界的一部分，因而人类对于自然界的认识所形成的科学知识体系也必然具有整体化的特征。于是，传统的以单学科为代表的领域正在向跨学科形式转换，领域由原来的单一学科又表现为多学科、跨学科，甚至是超学科。

(3) 领域是课题

由于一些新兴领域的出现是因问题或任务而产生的，所以领域还是课题。这样的课题有情报研究者所属单位的领导或其上级机关或负责人提出来的，也有情报研究者本人或其他单位在生产、科研、设计、教学等实践活动中所需要的，更有情报研究者在情报搜集、阅读和研究活动中，随着情报素材的积累和新情报信息的不断摄入，自然形成而又为实践中所需要的。这种领域的产生是由“科学推进”和“需求牵引”两种机制共同促进，最终以固定领域而存在的。

这样的领域是一种研究模式，它是以推进对基本科学与技术问题的认识，或解决那些不能用单一学科或研究领域的知识来解决的问题，是致力于围绕“问题”而不是围绕“学科”来组织的研究工作。

3.1.2　基于领域范式演化的领域分析数据集界域

知识体系的更迭，驱动着领域范式从学科群内核的单学科领域范式向知识重组的交叉学科范畴领域范式演化。其中，单一学科范畴是交叉学科范畴领域范式发展和形成的基础单元，在“科学推进”和“需求牵引”两种机制共同促进下，形成了交叉学科范畴的领域范式。正是由于这种领域范式的演化，致使领域边界不再清晰，表现出模糊、跨越、延伸，对于领域分析数据集的边界也需要随领域演化而重新界定。

领域分析数据集的界域研究，主要依照领域范式的演化形式而定，根据不同的领域范式分别提出相应的标准化的、可转换成数据集的定义。定义以领域边界和疆域为切入点，使这种界定能为领域分析者在构建数据集时所了解。界定的主要思想是对领域知识体系中演化的知识内容进行语义限定。从理论上讲，领域的演化主要是由于其知识体系的知识更迭，重新组配。因此，新领域的知识结构由被更新的知识内容和未被更新的知识内容所组成，而领域分析数据集的内容也必然要随领域知识体系的变化而变化，领域内容与描述领域内容的文献数据内容应该是保持一致，相互映射的。

参照德国波库大学黑克豪森利用研究对象、研究理论、研究方法、分析工具、科学共同体等要素来界定学科内容的标准，用它们来代表领域范式的各个知识分面，通过分析领域演化的机理，确定新知识体系中应该包含的原知识体系中变化和不变的知识分面以及它们的组配，再与领域分析数据集内容进行映射，进而确定数据集的边界。这种思想的实现是依赖人工进行判断的。

从单向移植、双科交融和多元综合三个类别可以将基于领域范式演化的领域分析数据集界域分为以下几类。

(1) 单向移植领域

单向移植领域是指把某一学科领域的理论、方法单方面运用于另一学科领域或实际部门(课题)中去，目的往往在于解决后者现存的一些基本问题[57]。在移植过程中，被移植内容的领域称为植入领域；被输入内容的领域称为基底领域。从移植的方向来看，实际上是从植入领域向基底领域移植；从移植的内容来看，主要包括研究对象、概念、原理、方法、技术、理论以及实验设备等。

单向移植领域的形成并不是某个学科领域的概念、理论和方法的生搬硬套或简单扩散,而是在不同学科领域中寻找“共关因素”,即移植对象与被移植对象之间的共同点和相似点,进而找到移植方法的线索和思路,寻求在未知中解决问题的新途径。例如,对于现代农业科技领域而言,是利用机械技术、生物技术和管理技术对传统农业进行的改造,传统农业科技领域相当于基底领域,传统农业的某个方面涉及机械技术、生物技术和管理技术,它们相当于植入领域的技术方面,二者存在共关因素,所以这些手段可以对传统农业产生深远的影响,推动其向现代化发展。

单向移植领域的学科属性不会保持“中性”,而是表现出明显的偏序性。形成的新领域是在原有基底领域的理论、方法、对象、学科语言等基础上融合了植入领域的某个或某些内容,二者相互作用、相互结合的力量不是绝对均衡、对等的,而是有所差异,有主、次之分,表现为以基底领域占据主导地位,于是,新领域表现出基底领域的本身属性以及对于植入领域的某些植入内容的依赖性。因此,衡量单向移植领域范式的根本宗旨就是无论移入的内容是事物名词、概念、原理、方法还是技术,都不会破坏基底领域的理论基础和研究体系,或者说不形成新的独立的理论体系,只是在领域内增加了植入领域的被移植内容,并且基底领域中原来存在的一些问题也相应得到了解决。所以,一个单向移植领域分析数据集中会增加由于植入内容的引入而产生的新效用,以及基底领域与植入领域机构或人员合作的关联信息,但不会增加新的出版物、新的科学共同体等。判断公式可以简化为

单向移植领域=“基底领域”and“移入内容”and(“移入内容产生的效用”or“少量合作信息”)

现有常见的移植种类主要包括事实移植、理论移植、方法移植、技术移植等,根据判断的基本公式,新领域和相应领域分析数据集包含的内容如表 3-1 所示。

表 3-1 单向移植领域分析数据集界域标准

单向移植种类	植入领域	基底领域	新领域	领域分析数据集
事实移植	事物名词	不变	“事物名词”and“基底领域”	“事物名词”and“基底领域”
理论移植	概念或原理	不变	“概念 or 原理”(植入)and “基底领域”and“效用”(基底)	“概念 or 原理”(植入)and “基底领域”and“效用”(基底) or“少量合作”)
方法或技术移植	方法或技术	不变	“方法 or 技术”(植入)and “基底领域”and“效用”(基底)	“方法 or 技术”(植入)and “基底领域”and“效用”(基底) or“少量合作”)

（2）双科交融领域

双科交融领域是将两个不同学科领域的理论、方法相互交融，彼此结合在一起，目的常常在于探讨双方的相互作用，开拓新的研究领域或学科，以促进双方共同的发展[60]。在交融过程中，既包括同一学科内各分支的交融，也包括不同学科之间的交融。同时还可以实现二次交融，先是两个学科领域交叉，再与第三个交叉。

双科交融领域的形成主要是知识发展的专业化所致，它促使知识体系中知识经历"专业化—碎片化—混杂化—融合化"的过程，进而形成新领域——双科交融领域。通过两个领域相互推动，前者可以解决后者的问题，后者反过来又可以推动前者的发展。例如，对于人口健康与医药领域而言，一方面，很多人口健康问题需要医药领域的知识来解决，促进人口健康领域发展；另一方面，人口健康领域又给医药领域提供了一些直接效用和新兴难题，人口健康的表征可以推动医药领域打开一个新生面。所以，二者相互促进，共同发展，交融形成了新的理论体系。

与单向移植领域相区别的是，双科交融领域的学科体系表现出独立性，即新领域的理论体系，不同于A领域，也不同于B领域，而是A、B两领域概念、原理、方法和技术手段相互融合、相互借助而形成的，但这些概念、原理、方法和技术手段并不是简单的搬用到新领域中，也不是机械的堆积在一起，彼此互不相干，而是要经过某种移创、改造和加工，使得彼此之间能够有机地融合在一起，形成一个新的系统的有机整体。双科交融领域一旦形成，就会脱离原有的母体领域，自身的理论体系不会随原有母体领域的兴衰而发生重大变化，而会以其相对独立的形式展开自己的发展进程，按其自身的内部矛盾运动向前发展。所以，衡量双科交融领域范式的根本宗旨就是新领域中会出现两个领域有关交融点的知识，以及对母体领域某个知识点的移创、改造和加工的结果。对于领域分析数据集而言，数据集中会增加一些新知识，其中可能会出现少量的有关交融点的新科学共同体、新出版物、新会议以及趋向集中的紧密的科学合作。判断公式可以简化为

双科交融领域＝母体领域部分内容＋新知识

（3）多元综合领域

多元综合领域是在双科交融领域基础上发展起来的一类领域范式，它是多学科交汇、融合起来而形成的具有综合性质的学科。科学发展在经历高度分化的基础上，又表现出综合化的趋势，于是多元综合领域应运而生。

多元综合领域的形成有的是对某一客观现象进行研究而产生的；有的是为探讨重大理论问题，运用多学科知识加以探讨而形成的；还有的是在对实际部门作指导吸取多学科方法并做出科学处理而创立的。它常常表现为围绕一个综合性问题或者是一个研究对象的多因素而进行。例如，有关大科学装置相关问题的研究就围绕这个重要工具进

行，相关问题的研究涉及物理、生物、化学、材料、医学、能源、环境科学等众多自然科学领域中的知识，是一个多因素、复杂的综合性问题，对于它的研究必须采用多学科领域知识联合探究的方式进行。

这类领域的生长点是利用具有较大学科跨度的知识对综合性复杂问题进行研究，表现出综合性；同时，它的研究对象均是多因素组成的动态系统，表现出系统性。此外，多元综合领域还具有开放性和国际性的特点。开放性是指随着它不断吸收新的知识和技术，研究目的、研究范围都在不断的扩展，致使其理论体系日趋庞大；国际性是指它的研究对象是遍及自然界和社会各领域中的复杂的动态系统，需要各国合作进行研究，所以，伴随着多元综合领域的创立往往会出现相应的国际性组织。

综合性、系统性、开放性以及国际性都决定了衡量多元综合领域边界的根本宗旨是：新领域是围绕一个综合性问题进行，会有多个因素存在，并且多个因素对应着被融合的多母体领域知识。同时，随着对于这个综合性问题研究的深入，国际性研究组织的学术研究从发展期会转向成熟期，研究成果不断增长，学科体系开始相对固定，必然会出现一些围绕这个综合性问题的新期刊等。对于领域分析数据集而言，至少会表现出以下特征之一：解决的主体问题相对集中，出现的新知识点相对分散；出现有关研究对象的新期刊、相应的国际性组织、国际性会议中的一项内容；独立研究的科学家数量减少，表现为突出的合作关联。判断公式可以简化为

多元综合领域＝“一个综合问题”and“多个因素”and(“新出版物”or“国际组织”or“国际会议”or“国际合作”)

3.2 基于领域分析需求和分析目标的领域分析数据集界域

3.2.1 领域分析数据集界域思想

从情报研究工作流程来看，数据集、领域分析需求和分析目标三者之间存在着明显的互动关系，同时，三者的互动关系又体现出它们之间相互的制约，如图 3-2 所示。

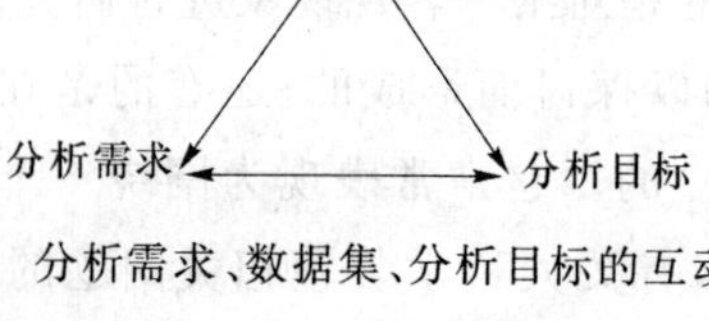

图 3-2 分析需求、数据集、分析目标的互动关系

领域分析需求作为领域分析数据集构建的起点，它直接对构建的数据集提出要求，决定着构建过程中数据集应该涵盖哪些因素，揭示哪些问题，才能满足领域分析的需求。领域分析数据集位于领域分析目标的前端，它是联系需求和目标的纽带，直接作用于分析目标，限定了构建什么样的数据集就可以实现什么样的领域分析目标。同时，领域分析目标位于领域分析的下游，本质上是对领域分析需求的一种回答，它可以根据实现的目标直接将产生的新需求进行反馈，这样，就又开始了一次新的互动。

基于分析需求和分析目标的领域分析数据集界域思想就是建立在三者的互动关系基础之上的。分析需求通过数据集具体表现为分析目标，明确分析需求的属性，按照分析需求的要求选取代表领域的数据，就可以正向确定领域分析数据集的边界；反过来，位于数据集另一端的分析目标，它是数据集的真实写照，清楚分析目标，就可以逆向确定领域分析数据集的边界。下面将从位于数据集两端的分析需求与分析目标的类别入手，按照不同属性类别对数据集的要求，确定领域分析数据集的边界。

3.2.2　基于分析需求的领域分析数据集界域

从领域分析需求的基本属性来看，以时间的角度来划分，可以区分为对领域过去、领域现状以及领域未来发展趋势的分析，对应的领域分析数据集就应该能够揭示领域的产生、发展；能够揭示客观规律、特点以及与其他领域的联系或影响；能够揭示前沿预测和优先领域。

从宏观、中观和微观三个层面可以将基于分析需求的领域分析数据集界域分为以下几类。

1. 宏观层面

宏观层面的领域分析需求是指从横向角度揭示领域演化关系，即领域间的渗透、推广、转移和综合关系等，是从整体角度剖析领域间的横断面。领域范式的演化，揭示出知识体系内知识元素相互渗透日益突出，科学整体化趋势愈加强烈，于是表现出领域间的联系日益增强。宏观层面需求正是为满足这一目的，从横向考察领域间的变化情况。领域分析数据集的边界应该确定在以反映领域之间的发展基础、来源、演化进程、相互作用等范围内，进而满足揭示、协调和组织领域间关系的需求。由于领域宏观层面的需求是分析领域间的情况，只有分析了个体领域，才能横向比较、揭示领域间的联系和差异，因此，宏观层面的需求实际上是以中观和微观层面的需求为基础，通过后两者才能更好的得以反映。

在这个层面的领域分析数据集主要包括以下四个方面内容。

（1）科技政策研究

科技政策研究是研究国内外科技发展过程各领域中曾经采用过的各项政策，探讨适合我国领域发展的科技发展方针政策等。这类领域分析主要是为有关行政政策部门的科技管理部门以及各级企业事业单位的科技管理部门制定和执行科技政策服务。具体包括：各领域发展目标规划的情报研究；各领域科技成果引进、吸收与合作发展的原则、途径与方法情报研究；领域内和领域间发展的资源、条件和潜力的情报研究；领域产生成果的管理原则、制度与办法情报研究；领域发展史情报研究；制定领域政策需要的理论、方法情报研究等。

（2）科学选择研究

科学选择是在一定的科学发展阶段和社会环境下，进行学科布局和科学调整的一种手段，是针对学科交叉融合愈加明显而开展的一种面向领域特有的情报研究工作，应该属于科技政策研究的一个分支。科学选择的目的就是如何在保持各领域或学科发展的必要活力和进步势头与促进学科前沿的发展之间取得平衡。通过科学选择，正确处理"重点"和"一般"的关系，在资源有限的情况下，力图使领域或学科发展形成合理的布局。所以，实际上科学选择也属于一种政策研究，它应该说是当前领域化发展背景下制定科学政策和科技规划的核心问题之一。

（3）水平动向研究

水平动向研究是研究国家、地区、机构、行业的领域内外发展的水平、能力、人员、经费、目标、动向、效果，为制订国家、地区、行业等领域发展规划提供背景材料。此项研究一般是服务于科学政策的，为科技政策提供基础资料。

（4）经验教训研究

经验教训研究是研究国家、公司、学科、行业某些主要技术发展的历史、现状、成果与特点，找出其重要的经验教训，为我借鉴。此项研究一般包括：国家科技发展战略的主要经验教训分析；重大课题技术路线的选择；重大事故的典型剖析；关键技术突破和重大技术改造方面的经验研究等。

2. 中观层面

中观层面的领域分析需求主要是从纵向角度揭示领域内的产生、发展、现状、未来发展趋势、客观发展规律与特点等，是对领域内宏观状态的一种描绘和勾勒，是相对于宏观层面的一种具体选择过程。具体而言，中观层面是立足于某一领域内部关系，从上到下解析领域结构。领域分析数据集应该反映的内容包括以下 3 点。

- 领域的现状结构。将领域按核心属性划分若干分支子领域，并从演化关系的层面分析领域的结构和变化情况等。

- 领域的关键问题。从领域的现状结构中，提取反映领域演化过程中的核心、热点问题等，以及领域内知识结构的关联和关联强度。
- 领域内的可能发展。根据领域的现状结构和关键问题，寻找领域未来的可能发展，作为宏观层面需求的基础。

3. 微观层面

微观层面的领域分析需求主要是反映领域分析的产生、发展、现状、未来发展趋势、客观发展规律、特点以及它与其他事物的联系的具体细节和要素。此层面研究将领域的中观层面的需求在微观层面予以放大，是对领域内的纵向研究和深入分析，也是针对中观层面需求开展领域分析的入口。具体包括的研究内容可以用 5w 进行解释，即 what，who，which，how，where 等。例如：

- What does this domain look like?（这个领域是什么样的?）
- Who are the main actors in this domain?（领域中有哪些主要要素?）
- Who may be responsible for a particular change?（领域中特殊的变化是由认知引起的?）
- Who are conduction this research?（认知来这项研究?）
- Which actors contribute to these developments?（哪些要素有助于这些发展?）
- How does the expertise relate to that of others?（领域知识闑恙其它知识关联?）
- How are the domain and topics distributed over countries?（领域和主题怎样分布?）
- Where does the program be developed and conducting?（项目在哪里进行?）

在领域分析时，无论是宏观层面需求还是微观层面需求都可以归结为对这些具体问题的一种回答。相应地，构建的领域分析数据集中必须可以找到对应上述问题的确切答案，才能满足微观层面的需求。

4. 三者之间的关系

根据上述三个层面的主要内容，可以看出，三个层面需求之间存在着紧密的联系，如图 3-3 所示。

- 宏观层面与微观层面之间的过渡和发展实际上是一个“自顶向下”或者是“自下向上”的形式。宏观层面的需求需要中观层面和微观层面的支撑，通过分析中观和微观层面寻找宏观层面领域间的关系。
- 宏观层面是为战略服务，中观和微观层面是为战术服务。微观层面是中观层面需求的再放大，微观层面的各种需求累积起来就构成中观层面的需求。
- 宏观层面属定性分析内容，带有浓厚的“理论”色彩，主要基于各国家、地区、行业领域内外的政治、经济和军事背景；中观层面与微观层面可以采用定量的方法进行分析，需要借助大量文献数据或专利数据的一种具体的分析过程。

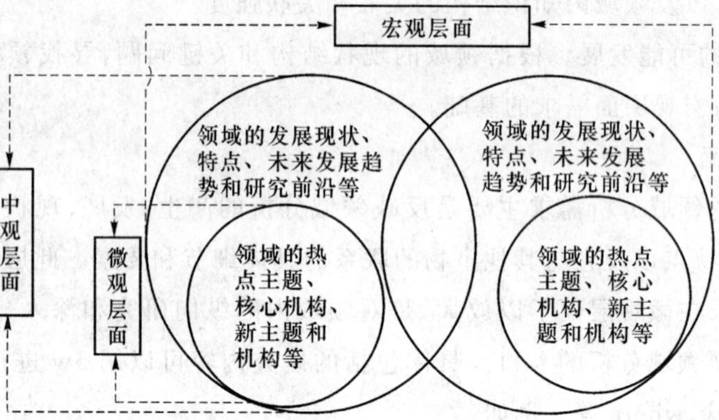

图 3-3　领域分析需求类别关系

根据三者之间的关系，在领域分析数据集边界确定时，若要满足宏观层面的分析需求，可以从中观层面和微观层面入手；若要满足微观层面的需求，可以从中观层面深入到具体细节要素。具体地说，宏观层面和微观层面数据集的边界都可以以中观层面的数据集边界为参照，中观层面的数据集边界应该包含代表领域现状结构、关键问题以及可能的发展的数据，这些数据分别可以与按照时间属性划分的分析需求相对应。基于此，通过中观层面的数据集确定可以相应找到具体回答微观层面数据集的答案；通过若干个体中观层面的数据集可以确定整体宏观层面的数据集。

3.2.3　基于分析目标的领域分析数据集界域

领域分析目标本质上是对领域分析需求的一种具体回答。从产出分析、影响力分析、结构布局分析三个层面可以将基于分析目标的领域分析数据集界域分为如下几类。

1. 产出分析

科技论文是科学研究活动的重要产出形式，论文产出量是衡量其科技产出的重要指标之一。特别是被世界权威检索系统收录的国际论文的数量和质量更能反映该国科技论文的国际地位。对科技论文产出的系统分析，可以揭示出该国的科研优势领域、科技发展趋势、与国际先进水平之间的差距等。

对于领域分析数据集而言，满足产出分析的数据集应该包含从时间维度、主体维度和主题维度反映领域文献数量变化的数据。

以时间为维度，可以反映领域的产生、发展过程，如各领域产出年度变化、各主体产出年度变化以及领域内各主题产出年度变化等。

以主体为维度，可以反映领域内主要从事该领域的研究机构和人员，同时粗略反映出各主体在领域内承担的责任，如主体各领域产出分布、主体领域内各主题产出分布等。

以主题为维度，可以反映领域内具有国际竞争力或国内水平的主题领域分布状况，如领域内各主题产出分布、领域内各主体的主题产出分布等。

2. 影响力分析

产出分析是从数量上看领域的态势发展变化过程，而科技论文的影响力分析则是衡量一个国家、地区、行业科技论文质量和国际影响的重要指标。

用于分析影响力的领域分析数据集包含的数据以引文数据为基本单元，数据集必须要可以测度被引频次、篇均被引频次等侧重数量的数据，还应该提供用于评估诸如核心机构、核心研究人员的内容。

(1) 侧重数量的数据

在数量方面主要包括被引频次、篇均被引频次、国际 1%顶尖论文等。

论文被引频次指在若干年内收录关于某领域发表的论文在某年被引用的次数，该指标反映领域内科技论文国际影响力的增强或削弱趋势。

篇均被引频次即每篇论文平均被引用的次数，SCI 论文篇均被引频次是指 SCI 在若干年内收录领域内发表的论文的平均被引用次数，反映各领域整体的竞争力，同时从各领域的对比中可以反映领域间影响力水平差距。这个数据主要是确定科技论文开始被引用时间与最后检索到文献的截至时间，利用论文的被引频次除以时间差即为篇均被引频次。

SCI 国际 1%顶尖论文亦称高被引论文，是 ESI 将国际过去 10 年各学科的论文数量被引频次进行统计，并根据各领域论文被引频次由高到低排出处于前 1%的论文，即各领域过去 10 年中各年论文被引用次数超过指定阈值的论文。从领域内各主题的国际 1%顶尖论文数量的国际位次可以看出真正具有影响力的领域分布状况。这个数据可以根据 SCI 提供的被引频次数量获得。此外，通过此项数据的主题分析，还可以获得研究热点、核心机构、核心作者等。

这些数据指标同样可以以时间、主体、主题为维度进行相应的指标细化。由于都是关于数量上的问题，因此对于数据集的要求同产出分析中的数据集要求相一致。

(2) 侧重评估的数据

在评估方面主要包括核心机构、核心研究人员、领域居前 1%的机构分布、领域居前 1%的科学家分布。

核心机构或核心研究人员是指领域内从事该领域研究的活跃机构或人员，这类机构或人员通常在领域内的研究中占有主导地位，他们对于领域发展的贡献举足轻重，并且起到至关重要的影响作用和引领作用。

领域居前1%科研机构是按照ESI对国际近10年各领域论文的机构数量及各机构论文被引频次进行统计，并根据各科研机构总被引频次由高到低排出处于前1%的科学机构，反映某领域具有国际竞争力的核心创新单元的发展态势。领域居前1%科学家是按照ESI将近10年学科论文的著者数量及各著者论文被引频次进行统计，并根据各著者论文总被引频次由高到低排出处于前1%的科学家，反映某领域具有国际竞争力的科学家的分布和发展态势。

3. 结构布局分析

结构布局分析是指通过科技领域的主题内容来反映领域内的知识流动、知识扩散、知识关联，并且还反映领域间的相互作用。分析结构布局的数据集应该以文献数据的主题为基本单元，包含寻找新主题、研究热点、论文关联以及领域间合作的数据。

寻找新主题主要是指以时间为维度从研究主题分布中发现突现主题；与之相反的指标是寻找削弱主题，主要是以时间为维度从研究主题分布中发现逐渐减少甚至消失的主题。

研究热点主要是指有关领域的科技论文研究中相对集中的主题。发展趋势是指领域内尚不明确或只是模糊制定的遥远目标持续发展的主题运动。这些主题表现出的特点是：它们并不是人们还一无所知的主题内容，而是对那些已经显露出一线曙光的研究主题内容进行的评估，相对于研究热点的状态而言，它可以表现出集中状态，也可以表现出离散状态。

论文关联是指根据领域论文的引文关系及各种共现关系(合著、机构合作、主题共现等)，进行聚类形成的相关子领域的集合及其相关关系图；领域间合作是指利用机构分析、著者分析、引文分析揭示领域间的相互作用和影响。

3.3 小　结

领域分析数据集界域研究是领域分析数据集构建的关键问题，本章从不同类型的领域范式、领域分析需求以及领域分析目标三个角度，确定了相应的领域分析数据集的边界和疆域，下面的研究将以这些内容作为基础进行。

第4章 领域分析来源数据组织状态分析

领域分析数据集边界问题的研究，从分析对象角度揭示了代表领域状态的文献数据在现实状态中的物理分布规律。数据除了以物理形式分布外，还以逻辑状态分布。为了实现文献数据物理分布状态与逻辑状态之间的映射，首先需要解决的就是分析代表领域的文献数据在来源数据中的组织状态，进而实现以最少的投入选取“核心”数据，为构建领域分析数据集打下基础。

4.1 来源数据分布状态

4.1.1 来源数据分布状态的类别

领域分析的数据来源按照是否具有结构化特征可以分为非结构化源、半结构化源和结构化源。

非结构化源中的数据主要表现为从来源中获得的数据松散凌乱，需要信息分析人员通过整理、分类、加工转换成计算机可以处理的形式。非结构化源具体包括：领域活动的主要从事人员，如领域内的专家、机构，以及与领域活动相关的领域外人员，如行业信息中心、行业咨询机构以及各类情报研究机构等；记录领域信息的各种文献型资源，如统计信息、调查问卷、新闻报道、报纸杂志、会议记录、科研项目报告、分析研究报告、期刊论文、图书、政府出版物等。通过这类来源获取的用于领域分析的数据通常需要经过结构化处理，转换成结构化信息后方能用于分析使用。

半结构化源主要是指来自于 Web 中的信息，它们利用 HTML 语言将数据的结构和内容一并描述，因此这类数据实际上是非结构化数据在网络环境下的一种转换。半结构化数据源可以作为其他数据来源的一种重要补充形式，间接辅助领域分析数据集遴选数据。

结构化源主要表现为从来源中获得的数据整齐统一，信息分析人员通常可以直接将数据进行量化，这种数据通常来自于信息服务机构推出的各种科技文献数据库，数据库中的资源丰富、可靠、权威，且更新速度快。尤其是著名的网络数据库还配以成熟的检索技术和多样的分析功能，使得它能够最大限度上满足用户的分析需求。

4.1.2 领域分析来源数据限定

随着科学和技术的迅速发展，信息资源向着电子化、数字化和网络化的方向发展，给人类社会、政治、经济、科技和文化带来了巨大的影响和深刻的变革。在新的社会环境和技术条件下，情报研究人员的工作方式和手段也不断进行着调整，特别是由于情报研究对象向“领域”方向转变，要求情报研究工作手段必须实现现代化，现代化实现的前提是以结构化获取源作为领域分析数据集采集的基础，这在网络环境下是必要的，更是可行的。

从情报存储的手段来看，过去情报研究人员对情报的积累往往是靠建立资料卡片体系，在网络环境下这种方式显然不能适应要求，取而代之的是以数据库的方式存储和积累信息。这种方式在存储、积累信息上的优势是省时、省力，便于动态更新以及在网络环境下实现资源共享。所以，数字化的发展，促使了情报积累由“卡片式”向“数据库”转变。在情报研究的实际工作中已经逐步完成了借助结构化数据库方式进行情报研究的数据采集和分析工作。例如，美国科学情报研究所(Institute for Scientific Information，ISI)利用SCI数据库进行文献的同被引聚类分析研究各国的科研状况、科学发展规律、人才评价等；日本科学技术政策委员会通过INSPEC和CSA数据库进行文献信息检索和统计分析，用定量方法确定日本科研人员在物理、电工和化学领域的活动能力等[61]；国内情报研究专家也都大量依托结构化数据库开展各种分析工作。所有这些事实都说明结构化数据库是领域分析数据集获取数据的最佳方式，并且是一种切实可行的方式，因此，应该也必须以结构化数据库为主要手段进行领域分析数据集的数据采集。由于本书构建的领域分析数据集以文献数据为主，因此，这里的结构化数据库主要是指结构化文献数据库。

限定领域分析来源数据以结构化数据库方式为目标手段，可以体现出两点优势。

- 情报研究对象向领域化发展的显著特点是，代表领域的数据庞大且交叉，领域数据的主题覆盖度很广。因此，数据采集是一个工作量相当大且难度相当高的工作。而数据库恰好是将散乱无序的数据以统一固定的格式整理分类，并辅以信息检索手段提供人们快捷的查询入口，信息分析人员只需结合分析需求，选择非结构化和半结构化获取源中的数据在数据库中进行查找，这种方式为领域分析数据集的数据采集提供了较强的规律以及便捷灵活的方式。此外，一些强大的数据库检索系统，如专题数据库，还直接提供某个具体领域的相关数据以及分析工具，辅助信息分析人员进行检索字段的选择，在方便领域分析数据集数据采集的同时，还保证了数据集的高质量和核心性。

- 采集数据的目的是为了分析使用，采集结构化的数据在分析人员处理数据、分析数据阶段也发挥了卓越的功效。这种采用以结构化数据库检索为目标手段的获取模式是将非结构化数据或半结构化数据作为检索入口，通过在结构化数据库中进行查询，将它们转换为结构化的数据形式。这种结构化数据形式可以便于信息分析人员采用信息技术和信息分析工具直接按照分析要求进行量化，打破了传统的手工处理数据的方式，推进了情报研究处理数据的手段向半自动化和自动化方向发展。

4.2 领域分析来源数据提取方式

4.2.1 领域分析来源数据提取限定

1. 特征项提取

领域分析来源数据提取的范围限定于结构化数据库中，由于本书的数据集主要是文献型数据，所以，从结构化数据库中提取的元素应为代表文献特征的特征项。从来源数据中提取特征项必须符合两点要求：

第一，特征项的选择要在数据库提供的检索入口范围内进行，即满足数据库检索的要求。在数据库中，一篇文献为一条记录，每一个记录包含着若干代表文献特征的被标准化的字段，这些字段被分别做成机读目录的一列内容，供计算机检索，如主题词、分类号、题名、著者、出版机构、出版时间、国家、参考文献等。

第二，选取的特征项在进行信息分析阶段可以被用于计量，即满足文献计量学的要求。在文献计量过程中，计量单位不再仅仅停留在以篇、册、本为单位的文献单元的计量上，而是已经深入到文献的内部知识单元和文献的相关信息中进行计量研究，如题名、关键词、知识项、引文信息、著者、出版者、日期、语言、格式等都已经成为各种计量对象。

综合上述限定要求，领域分析来源数据的提取方式实际上就是围绕着四类内容进行，即研究主体、研究资源以及连接研究团体和研究资源的引用关系和主题内容[62]，如图4-1所示。具体而言，研究主体包括机构、国家和研究者等与"人"相关的特征项；研究资源包括期刊、会议录、图书等与"文献资源类型"相关的特征项；主题内容是指与分类号、关键词、题目、摘要等与"内容"特征相关的特征项。

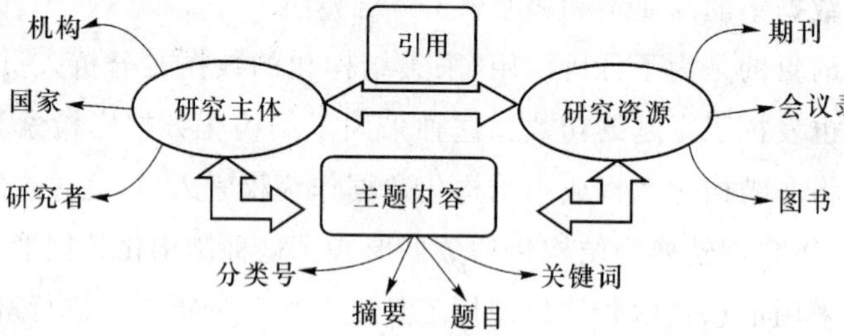

图 4-1　领域分析数据集特征项

2. 特征项特点

利用上述特征项提取领域分析来源数据时需考虑特征项的两个特性。

(1) 潜在性

有些元素作为文献的外在特征直接体现出来并由数据库清晰给出，而有些元素表现文献的内容特征，需要分析人员尽可能地"捕捉"每一个潜在的要素，如由文献参考文献建立的引用关系提供的要素就需要分析人员进行挖掘，从而获得更多的有关特征揭示的元素。例如，在利用互联网搜索引擎进行检索的时候，有些隐性网页是无法找到的，这个时候就应该仔细从初步数据选择的数据结果中寻找信息。例如，秦拴狮在《因特网信息的查全与查准》一文中就提到一个案例，在其承接金属基复合材料的船舶应用课题时，初次用 Google 进行检索的时候，得到的相关信息非常少，个别信息由于保密的原因还无法公开。其中部分相关的内容时间都是 2000 年以前的，且以报道性质的内容为主，部分信息可能由于保密的原因无法获得。然而，在作者下结论之前，仔细阅读和分析了有关传统情报数据库的检索结果，发现一条线索，就是金属基复合材料在船上的应用项目曾签有 CRADA 协议，曾有过 MANTECH 计划、SBIR 计划，STYR 计划，于是，作者利用有关协议和计划的缩写词又进行查询，终于找到了 2000—2002 年美国所开展的有关金属基复合材料在船上的应用项目进展情况。因此，有些有价值的信息可能隐含在信息源中，分析人员必须耐心仔细去发现这些隐性信息。

(2) 组配性

文献计量学家们发现这些各不相同的要素之间存在内在联系,也就是说从统计意义上讲它们并非是相互独立的,而是互相牵制发展的,某些要素能引起相关要素的集中与分散,并形成具有统计意义的分布。因此,在使用文献元素的时候,结合分析目的和任务,有些元素需要单独使用,而有些元素则必须要“组合”起来,共同揭示领域特征。例如,期刊可以集中题名词、作者名;高被引的参考文献可以集中引证作者、引证文献的题名词、同引文献等。同时,并且元素的不同组配方法可以形成不同类型的数据集,进而提供给分析人员不同的分析结果。

4.2.2 领域分析来源数据提取与信息检索的差异

虽然领域分析来源数据的提取以信息检索为主要基础,但是领域分析来源数据提取与信息检索之间却存在一定的差异,差异主要由二者需求的不同而产生,主要体现在以下四个方面。

1. 专指程度

专指程度是指分析需求或检索提问与结果的相符程度。在专指程度方面,领域分析需求的要求要低于信息检索提问的要求。因为,从信息检索提问属性类别来看,检索提问属性中的数据检索、事项检索以及书目检索都要求检索结果精准到一个名词、一条数据、一篇文章、一个作者等,检索结果表现出单一形态。而领域分析需求属性对检索结果的要求并不是“个体”含义,而是以“整体”为目标,通过一批文献来揭示领域的宏观、中观和微观结构,这与检索提问中的文献检索需求相似。由于领域分析需求专指程度这种低要求特性,相应的对检索结果查准率的标准也有所降低,领域分析数据集中只要包含领域内相关文献与领域密切相关的文献即可,其中相关文献是指与领域主题相关的同类文献;密切相关文献是指领域间在研究方法、研究结果等方面最为近似的文献。

2. 目标数量

目标数量与专指程度含义相近,它是指分析需求或检索提问对于结果目标要求的多少。领域分析需求在目标数量上要多于信息检索提问。因为,信息检索提问表现为对个别事物的准确回答,所以,信息检索提问的目标也随之表现出单目标性,它的目标仅仅是要求知晓或占有资料即可。而对于领域分析需求而言,往往表现出多目标性。例如,为中国科学院南方海洋科学创新基地规划提供情报分析时,其总体分析目标中既包括解读国家战略需求,也包括分析典型国家的政策规划;既包括为海洋科学发展提供前沿分析,也包括分析海洋科学国际上具有竞争力的学科发展情况[63]等几个要求。

所以,现实生活中针对领域分析广泛存在着这样一类信息需求:希望得到能够掌握某一领域的现状和发展动态的足够信息，同时又希望得到一组在研究方向、研究课题、研究成果、基金支持、文献出处、文献作者、作者单位等方面都具有突出代表性和广泛覆盖面的文献。这样才能通过领域分析数据集，判断出领域或课题的发展过程、发展现状、活跃主体、热点主题以及未来的发展趋势等。

3. 表达形态

表达形态与信息需求相关，信息需求不等同于要求或者提问。要求和提问指的是那些实际输入到信息检索系统（如数据库、图书馆等）中的请求。在这种情况下，要求和提问都受限于具体信息系统的功能及其相应的内容。而信息需求只与拥有它的用户有关，与具体的信息系统无关。

在学者 Taylor(1968)进行的信息需求的研究中，将信息需求分为四个层次。

- 内在需求，即用户自己可能并没有意识到实际的信息需求。
- 意识需求，即用户头脑中所反映出的信息需求，但这个需求有时会模糊不清和杂乱无章。
- 表述需求，即用户为了与参考咨询馆员或是信息查询系统交流而根据头脑中的有关想法描述出来的信息需求。这时候，用户还不关心他的需求表述是否能被参考咨询馆员或是信息查询系统所理解。
- 受限需求，即当用户向参考咨询馆员询问问题时，或向信息查询系统输入提问时，而具体表现出来的信息需求。之所以称之为“受限需求”是因为用户在描述其信息需求时，必须在他对需求的理解和他对参考咨询馆员或信息查询系统的能力的理解之间作一定的取舍。用户可能会考虑怎样和参考咨询馆员谈话才能使馆员尽快理解他的需求，或是怎样在信息查询系统输入合适的提问，包括采用什么样的提问词，才能得到相关的结果。

参照上述对信息需求的研究，领域分析需求的表达形态按照表达的明确程度分为显性的信息需求和隐性的信息需求，如图 4-2 所示。

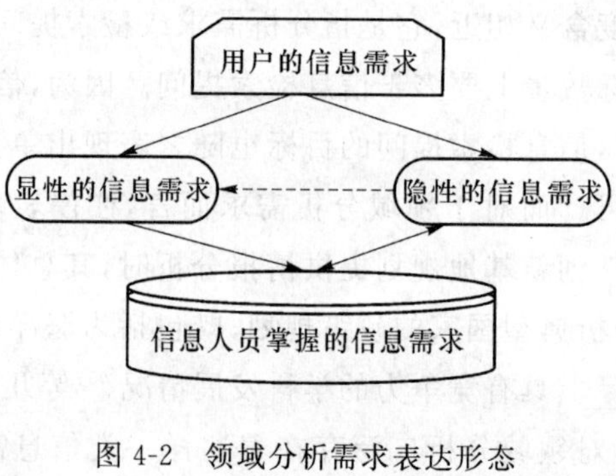

图 4-2　领域分析需求表达形态

其中，显性的信息需求是指在用户主体内客观存在的信息需求，它完全由客观条件决定，不以用户的主观意识而转移。这种需求形态在信息检索提问中表现较为突出，在领域分析需求中也占有一席之地。显性的领域分析需求表现为分析对象多为人们认识上的实体，如研究院所、学校、系等都是经过严格界定的。在分析过程中，只需要将它的一些常规数据如员工数据、出版物数据等作为分析的直接基础，借助文献计量学方法，就可以进行领域分析了。

而隐性的信息需求通常表现为受外界环境激发而唤起的信息需求，它应该属于客观信息需求的一个部分，只是由于用户自身客观知识的限制可能未被唤起。这类需求形态多出现于领域分析需求中，信息检索提问中则较少。其主要原因是由于领域分析对象的交叉化、综合化，领域分析对象可能是一个还没有被明文确立的研究领域，或者是由于该领域日渐凸显但是没有固定准确的界定。例如："您能评估一下欧洲环境医学领域的发展状况，并鉴定出最出色的从事该领域研究的机构吗?"这类需求中表达的领域对象由于边界不够清晰，或者是未被明确固定，致使信息分析人员必须要清楚信息用户所称谓的领域特质和属性，才能深入理解用户的更多隐性需求。

当用户的信息需求表现为隐性形态时，信息分析人员对于领域分析需求的理解应该做到两点(如图 4-2 所示)：第一，分析人员不但要理解用户表达出的显性信息需求部分，更需要努力捕捉和挖掘用户未表达出的已认识或未认识到的客观信息需求部分，即用户的隐性信息需求部分，为用户提供研究技术路线和可行性方案，供用户选择参考[64]。第二，情报研究人员在与用户的交互作用下，也要经历再学习和再积累的过程，目的是在此过程中尽可能使用户将更多的隐性信息需求变为显性信息需求，减少双方的错误认识和表达，实现图中隐性需求向显性需求的转换。这一转换过程是一个不断递进的过程，也是情报研究人员和用户相互学习的过程。在情报研究人员和用户的这种互动的学习交流中，可以使情报研究人员比较准确地把握用户信息需求的基本情况。

4. 评估效用

评估效用是指分析需求或检索提问是否要满足一定的评估需求而进行。领域分析需求在评估效用方面要明显比信息检索提问的评估色彩更加浓重。领域分析需求除了要了解领域的发展状态和发展趋势外，更重要的应用就是要评估领域内外的情况。领域分析需求提出的问题往往直接表达出评估的意愿，评估的内容是希望通过分析把得到的成组的文献进行排序，如文献作者名单及其重要性顺序、作者单位名单及其重要性顺序、文献出处名称及其重要性顺序；对受到基金支持类别的重视范围；对于文献被引用情况的兴趣点；对于文献所引用参考文献情况的兴趣点；用户阅读精力对于检索系统最终提交的成组文献篇数的限制；对发表时间范围的限制和对发表时间远近的重视次序等[65]。

领域分析需求的这种评估效用更体现出“分析”的含义，表明了领域分析数据集的构建并不是简单的文献检索，而是赋予文献集合一定的情报价值供用户使用。

表 4-1 概括了领域分析需求与检索提问在上述四个方面的差异。

表 4-1　领域分析需求与信息检索提问的差异

对比指标	领域分析需求	信息检索提问
专指程度	低	高
目标数量	多	少
表达形态	显性和隐性	显性
评估效用	重	轻

4.2.3　领域分析数据提取来源

在确定了领域分析数据集中的数据来源主要来自结构化数据库之后，接下来就有必要研究各种类型的数据库。因为不同的数据库文献收录种类不同、专业覆盖面不同、年代跨度不同，所以在开展领域分析数据选择之前必须要了解各种数据库，做到心中有数。从数据库存储的学科内容来看，可以分为综合性数据库和专业性数据库。

(1) 综合性数据库

综合性数据库通常覆盖多个学科领域，主要包括数学、物理、化学与化工、天文、地理、地质、生物、农业、医学、工程技术、材料科学、矿业、能源、电子、通信与信息科学、自动化、计算机、航空航天、环境科学、人文与社会科学等内容。涵盖多种文献类型，如期刊、会议文献、图书、预印本、数值数据等。从数据库收录信息的记录形式来看，目前综合性数据库主要以全文、文摘目次、引文三种类型为主，并且部分数据库将三种类型融合在一起，以文摘目次的记录形式为检索入口，以引文索引作为辅助评价工具，并在检索结果中以全文链接的方式满足用户的全文检索需求。通常情况下，综合性数据库的出版商多为商业性数据库公司。主要包括美国 ISI 公司的 Web of Knowledge（WOS）、Sciecnce Citations Index（SCI）、美国剑桥科学文摘（Cambridge Scientific Abstracts，CSA）、荷兰 Elsevier Science 公司的 Elsevier 数据库、德国施普林格（Springer）数据库、Annual Reviews、John Wiley & Sons，Inc. 公司的 Wiley InterScience、中国维普科技期刊中文数据库、中国科学院文献情报中心的中国科学引文索引数据库等。

在开展领域分析时，信息分析人员在选择综合性数据库时，数据库所覆盖的领域并不是首要因素，而是要考虑数据库收录的数据数量和数据质量，考虑那些融合文摘目次、引文以及全文三种类型于一体的数据库作为分析数据的主要获取源。

图 4-3 和图 4-4 为综合性数据库 CSA 覆盖的学科领域，其学科领域包括生命科学、环境污染、植物科学、海洋学等，CSA 以领域为单位按照作者索引、期刊名称索引以及出版物类型索引分别提供检索。

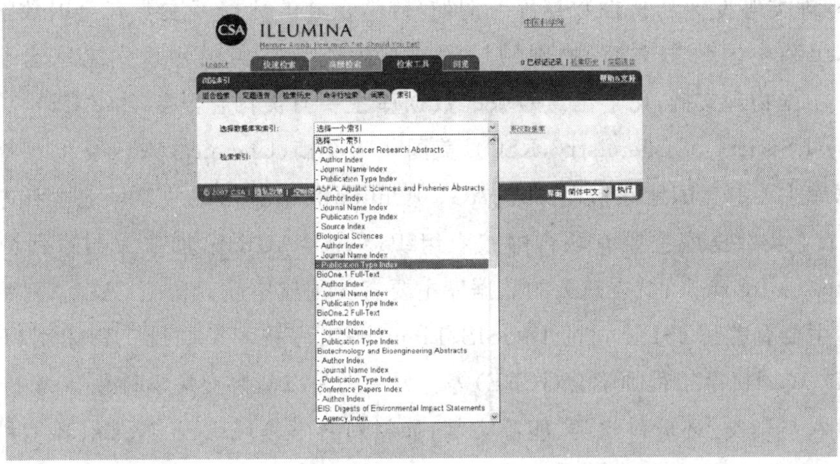

图 4-3　CSA 数据库领域索引，其中包括作者索引、期刊姓名索引等

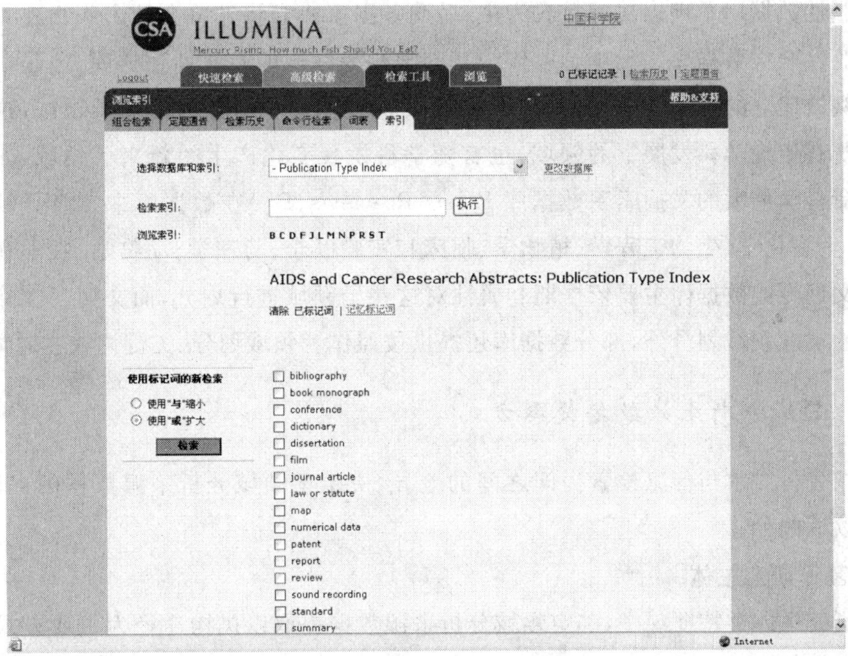

图 4-4　CSA 数据库子领域

(2) 专业性数据库

专业性数据库主要是根据学科发展变化将领域划分成两种类型。一类是以传统基础学科领域为主,将数据库分为数学类、物理类、农业类、化学与化工类、生物类、医学类、天文类、地理类等专业学科性数据库。例如,数学领域的数据库主要有美国数学学会的MathsciNet 和中国数学文摘;物理领域的数据库主要有美国物理学会联合会(AIP) Journals、中国物理文摘;化学化工领域的数据库主要有美国化学学会(ACS)、英国皇家学会(Royal Society of Chemistry,RSC)、美国化学文摘(Chemical Abstracts);地球科学领域数据库主要有美国地球物理协会(AGU)Online Journals;地质领域地学参考数据库GeoRef;农业类数据库主要有联合国粮农组织(FAO)AGRIS、加拿大国家研究委员会(NRC)Online Journals;航空航天的数据库主要有美国航空航天协会(AIAA)、生物领域的数据库主要有美国 ISI 公司的 BIOSIS、Biomed;工程技术类领域工程索引(Engineer Index,EI)、英国机电工程师学会(IEEE)等。另一类是以新兴交叉学科领域为主,将数据库分为材料科学类、环境科学类、能源类等,如材料科学领域 LexisNexis、环境科学领域 Environmental Universe环境大全数据库、能源领域美国能源部 Energy Citations Database 等。

专业性数据库早期以文摘目次为主,后期各国家协会将其协会的出版物建立成领域内的专业性全文数据库。无论是以传统基础学科为领域的专业性数据库,还是以新兴交叉学科领域建立的专业性数据库,二者都将其领域进一步细分为二级子领域,这些二级子领域既有传统学科发展下的领域,也有随学科发展变化产生的新兴子领域,如世界上关于生命科学最大的文摘索引数据库 Biosis Previews(BP)在数据库中二级子领域包括生物学、生物化学、生物工程学、植物学、临床和实验医学、药理学、动物学、农学和兽医学等。全文型专业数据库主要依据期刊属性对这些子领域进行划分,而文摘目次除以期刊为依据的主题领域划分外,部分数据库还提供按照作者领域划分、关键词或主题词表等。

4.2.4 领域分析来源数据提取方式

领域分析需求与信息检索提问之间的差异,决定了领域分析来源数据的提取方式,主要有以下四种。

1. 基于研究主体

在研究主体类特征项中,确定领域分析来源数据提取以机构途径为主要方式。机构途径的方法是指以科学文献的生产者,如文献的单位、团体著者等为检索词在数据库检索系统中进行检索的方法。这种方法与信息检索中的"著者途径"如出一辙,信息检索中的著者途径就是根据文献的外部特征，利用著者（个人或单位著者）目录和著者索引进行检索的途径[66]。

领域分析数据集的机构途径是以信息检索的“著者途径”为基础提出基于机构的方式，主要是由于国外比较重视著者途径的利用，许多检索工具都按照著者的字顺，将有关文献排序而成。由于同一著者的文章往往具有一定的逻辑联系，以著者为线索检索系统，有助于连续地掌握他们的研究水平和研究方向。因此，领域分析数据集的构建可以利用著者途径的族性检索功能来实现数据的采选。

确定以机构途径代表研究团体特征项，而不选择著者途径和国家途径，主要基于以下两点进行考虑。

① 对于著者途径而言，机构途径方法是以数据库检索中的著者途径为基础。但是，对于领域分析而言，机构途径决不等同于信息检索中的著者途径。在领域分析数据集构建中强调以“机构”代替“著者”主要出于以下两点考虑：

第一，基于机构的方式侧重整体，而著者途径更强调个体。“领域”体现的是一个整体的宏观含义，代表领域的著者不可能是一个或者是几个，而是由许多单一著者构成的一批著者团队。当这批著者团队中的一部分著者归属于同一个机构时，那么很显然，这个机构从事的科学研究内容可以由这部分著者的研究内容来代表；反过来，如果一个专业性机构其研究方向十分明确，那么隶属于该机构的一批著者从事的研究内容也肯定属于领域中的一个分支。

第二，机构的名称比著者名称更容易区分。机构名称在数据库中的表述方法相对一致，同一机构在数据库中不会有很多表述方法，即使存在不同表述方法也很容易识别。此外，相同团体名称表示的不同机构也可以通过国别来区分，如相同机构名称“清华大学”就可以根据北京和台湾地区来区分。出现相同机构名称的情况其实并不是很多。而对于著者名称则不同，同名同姓的不同个人著者数量众多，并且不同数据库对于姓与名的位置表述方法也存在差异。因此，在领域分析数据集的数据选取中，强调以机构作为主要途径，而尽量不使用信息检索中的著者途径。

② 对于国家途径而言，采用国家途径选择的数据范围过于宽泛，更为重要的是，机构本身就有国别归属，因此，如果想分析国家的领域情况也可以通过锁定几个重要的目标机构进行分析。

此外，对于分析目标而言，通过机构途径采集的数据，多用于分析一个机构或者一批机构的情况，从这个数据集中可以析出领域的著者分布情况，也可以汇聚出领域的国家分布情况。

选择机构途径作为领域分析来源数据的主要提取方式，可以用于分析领域中哪些著者和机构比较活跃；还可以分析领域中给定机构过去、现在或未来都在做什么，是否改变了研究领域等内容。

2. 基于研究资源

在研究资源类特征项中，确定领域分析来源数据以期刊途径为主要方式。期刊途径的方法是指根据期刊名称在数据库检索系统中进行查找的方法。如果说前面内容中的机构途径是将信息检索中的著者途径在领域分析数据集构建中进行了扩展，那么期刊途径就是将信息检索中的名称途径进行了缩小。信息检索中的名称途径是指根据书名（图书）、刊名（期刊）、篇名（单份资料）来查找的途径[66]。

将信息检索中的期刊名称途径独立出来，代表“研究资源”特征项，作为领域分析来源数据的主要提取方式，而不选择图书和会议录的原因有两方面。

一方面，从信息检索角度而言，由于领域分析数据集的选取以数据库作为主要获取源，所以，获取途径必须与数据库提供的检索方式保持一致。目前，从各种类型的数据库来看，无论是专业性数据库还是综合性数据库，大部分都以期刊文献作为主要收录对象，而只有少部分收录会议文献、技术标准等。同时，所有专业性数据库都以提供期刊入口为主要途径，综合性数据库还为其收录的不同领域的期刊编制各种索引，辅助用户从期刊途径进行遴选。所以，基于这样的硬件条件将期刊途径作为领域分析来源数据的主要提取方式。

另一方面，从期刊本身的属性角度而言，首先，期刊是流行得最为广泛的学术文献，在科学家和专家们所利用的全部科技信息中，科技期刊提供的信息占70%左右，而且在很大程度上决定着科技文献数量增长的速度，它经常被人们称为“整个科学史上最成功的无处不在的科学信息载体”[68]。其次，期刊除了数量大、品种多外，其上发表的文献内容都经过编辑筛选，具有评价功能。并且，文献发表周期短，能较快报道、传播科学前沿，本身具有学科属性和质量保障，它所集中的文献某种程度上能够代表某个领域的研究现状。最后，核心期刊上的科技文献更是受到重视，国内外有关核心期刊的评价发展相对成熟，推出了一系列辅助挑选核心期刊的各种权威工具，如ISI的JCR和ESI。利用这些工具信息分析人员可以直接挑选出核心期刊，再以这些核心期刊作为数据来源，在一定程度上保证了数据集的权威性和代表性。相比之下，图书和会议录在这些方面则相对弱化。所以，基于这样的软件条件认为，期刊途径适合作为领域分析来源数据的主要提取方式。

基于上述原因，利用期刊进行领域描绘成为信息分析人员经常使用的一种方法。但值得注意的是，这种方法的前提是，假定一个专门的期刊类目可以代表一个科学领域或分支学科，且任何一个特定文献仅仅属于一种期刊。同时，在采用期刊途径遴选数据时，不应当只局限于一种期刊，而要挑选出本学科具有代表意义的一系列期刊。

3. 基于主题内容

与研究资源和研究团体特征项确定提取方式不同的是，这里采用“主题”一个特征项从整体上代替“关键词、分类号、摘要和题目”等。主题途径是指利用描述文献的关键词、分类号、摘要和题目等内容特征项进行检索的方式。在检索过程中，主要通过词语或者代码在数据库中检索，不需要考虑文献的外在特征，无论是在哪个国家发表的，由哪个人或哪个机构撰写的，只要可以确定领域的主题特征就可以进行数据遴选。这种方法的理论基础是信息组织中的主题法和分类法。

确定主题途径作为领域分析来源数据的主要提取方式，是为了避免由于领域分析需求和领域类型所产生的漏检问题，具体包括以下两个原因。

第一，从领域分析需求来看，领域分析目标并不是要像信息检索那样精准到一篇文献、一条数据、一件事项等个体内容上，而是要寻找到一批领域内相关文献或与领域密切相关的文献。如果单独采用关键词、分类号、摘要或题名等特征项进行遴选，就将文献特征拘泥于仅仅与单一特征项内容相对应上。根据现有数据库检索技术特点，以一个宽泛的文献的“主题”作为检索点，同样可以将关键词、摘要或者是题目等内容名称中含有“主题”检索点的文献命中。因此，以主题途径这个“模糊”字段作为一个领域特征项的“整体”代表，可以保证领域分析数据集的全面性，避免有所遗漏。

第二，从数据库检索方法来看，领域分析数据集遴选数据不适合采用代码途径。通过代码的方式并不是所有的数据库都可以实现，各数据库进行分类的原理和依据不尽相同，提供的分类代码也就不同。这就要求信息分析人员熟悉所选择的数据库提供的分类表，了解其分类体系、分类类目，包括二级类目的设置，在此基础上，再利用分类号进行查询，遴选分析数据。这种方式主要适用于学科系统性强、体系结构清晰的领域，诸如传统单学科领域。而对于一些由知识重组构成的交叉学科领域，信息分析人员即使熟悉选择数据库的分类体系，也很难知晓该领域的具体归属。因为领域的交叉性和综合性，一个分析对象可能涉及几个主要领域，信息分析人员很难确定分类号，即使确定分类号，也会出现漏检部分文献数据的情况。所以，为了避免这种情况的出现，领域分析来源数据在提取过程中，应该尽量采用与主题相关的特征，而最好不选用代码形式。

4. 基于引用关系

领域中研究者所拥有知识的相关性，也反映了他们对于参考文献的选择，于是以文献之间的引用关系作为领域分析来源数据的提取方式，可以反映一种科学交流活动，显示科学文献之间，甚至是学科之间的内在联系。基于引用关系的途径是指利用引文数据库，以作者、关键词、机构名称等为线索进行文献检索的一种方法。

实质上，基于引用关系提取领域分析来源数据是一种综合的方法，这种方法根据领域分析需求和具体分析对象的需要，将机构途径、期刊途径和主题途径中的两种或多种方法与参考文献结合起来，以弥补各种方法的不足。

它以机构途径、期刊途径和主题途径作为基础，针对引文数据进行遴选，拓展了领域分析数据来源和数据遴选的策略，为数据集构建提供了一种崭新的途径，主要体现在三个方面。

第一，对于领域分析对象而言，随着科学发展的不断深化，传统学科群内单学科领域不断向知识重组的交叉领域范式演化，于是，对于分析人员而言，界定领域范围变得愈加困难。如果按照传统的分类法、主题法遴选数据，则要求信息分析人员对分类体系或主题表有一个基本的了解，否则就会误检或漏检，同时分析对象还要受到数据库提供的固定的分类或主题的限制。而利用引用关系则无须受到分类或主题的限制，同时减少了复杂的培训和学习过程，在数据库中采用综合循环的检索策略，利用文献之间的引证关系不断扩大检索范围，可以查到一系列相关的文献，即从一篇较早的论文开始，寻找引用过此文的所有文章。再以此引文作为新的检索起点，寻找引用这些论文的文章，这样就像滚雪球一样，可以掌握越来越多的相关文献。因此，无论是范围较窄还是范围宽泛的领域，基于引用关系的方式都可以提供深度大、专指性强、范围广的领域数据。

第二，对于领域分析目标而言，通过论文间的相互引证与被引证的关系，使论文彼此联系而构成一个论文网，它可以从宏观、中观和微观三个层面对领域进行追根溯源，在一定程度上揭示出领域的发展过程，从而满足分析领域过去、现在和未来的目标。例如，某个科学报告或者理论在哪些领域得到了证实和引用；某著者过去做什么研究，现在又在从事什么研究；某一课题的来龙去脉，它的原始作者、中间作者和新近作者又有哪些等[69]。

第三，对于数据集构建结果而言，收录在引文数据库中的数据是经过数据库商按照一定的标准遴选出来的，所以，基于引用关系遴选的数据是建立在具有评价功能的引文分析法之上的。当选择这些经过评价的机构、期刊、论文再次作为前面的机构途径、期刊途径以及主题途径的检索点时，得到的数据集更具有说服力，更适合于进行同一指标中的比较，如机构比较、地区分布等。

虽然由于引用动机、占有资源等因素可能会影响文献之间引用关系的真实性和客观性，但是，对于领域分析数据集而言，基于引用关系在来源数据中提取数据的方式可以使研究人员在不需要知道专业词汇的情况下，就能够遴选领域文献数据，并找到紧密相关的文献，实现了跨时间与学科的界限去洞悉科学信息之间的联系，追踪科学的发展，为信息分析人员遴选数据提供了一种重要的途径[70]。

4.3 领域分析来源数据组织状态分析

按照确定的领域分析来源数据提取方式，各提取方式在结构数据化数据库中以索引的方式被组织。

4.3.1 基于研究主体的分类列表法

基于研究主体的分类列表法是指将研究主体按照主题进行分类，以列表的方式辅助用户进行检索的方法。它以信息组织的分类途径作为理论基础，分类途径是利用分类号或类目及分类索引来查找文献信息的方法[71]。

从众多数据库来看，目前可以提供这种分类列表的数据库并不多，且都为综合文摘型数据库，如 CSA 和 ISI 的系列产品。在 ISI 推出的 Highly Cited 的研究者分类列表中，可以按照作者的学科领域浏览（共有 21 个学科领域），信息分析人员根据要求选择其中的某一学科领域或所有学科领域 All Category，单击 GO，即可浏览该学科的所有作者。借助这种分类列表，可以很快帮助信息分析人员获得领域内的机构或著者名单和其具体信息。图 4-5 中展示的是 Higly Cited 提供的农业领域中的部分著者、机构和国别名单。

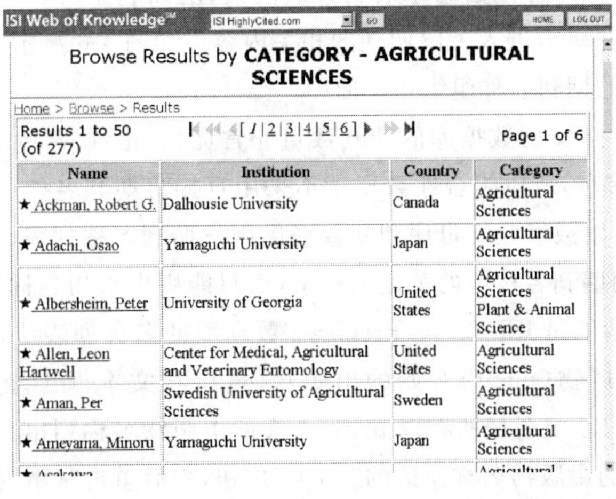

Name	Institution	Country	Category
★ Ackman, Robert G.	Dalhousie University	Canada	Agricultural Sciences
★ Adachi, Osao	Yamaguchi University	Japan	Agricultural Sciences
★ Albersheim, Peter	University of Georgia	United States	Agricultural Sciences Plant & Animal Science
★ Allen, Leon Hartwell	Center for Medical, Agricultural and Veterinary Entomology	United States	Agricultural Sciences
★ Aman, Per	Swedish University of Agricultural Sciences	Sweden	Agricultural Sciences
★ Ameyama, Minoru	Yamaguchi University	Japan	Agricultural Sciences

图 4-5 ISI Highly Cited 农业领域著者、机构和国别列表

采用列表的形式组织研究主体，直观清晰，信息分析人员可以直接按照数据库划分的主题类目来确定著者或机构名单。对于主题类目下的从属子领域，还可以从数据库中给定的主题类目中析出分析领域的文献数据。同时，分类列表法是经过人工整理、分析判断后，将机构进行归类的，所以具有评价功能，这可以保证遴选的数据更具有价值。但是分类列表法的缺点也显而易见。第一，由于分类列表法是将数据库中所有著者或机构进行主题归类，因此，分析类别受数据库类目限制，对于那些数据库中没有设置的类别进行分析时，则无从下手。第二，数据库提供的分类列表往往过于庞大，分析人员如果直接把列表中的全部内容作为检索点进行检索，那么形成的数据集必然数量过大。更为重要的是，数据集中会出现大量并不典型的数据，从而降低了数据集的核心性和代表性。

4.3.2 基于研究资源的组织方法

1. 名称列表法

名称列表法是指数据库检索系统将收录的期刊名称，按照字母顺序组织起来，以列表形式提供用户进行检索的方法。期刊名称列表在检索过程中起着非常大的作用，几乎所有的期刊论文数据库都提供这种方式。

通常情况下，专业性全文型数据库出版商一般是领域内的行业协会，如 AGU Online Journals、IOP Electronic Journals 等。这类数据库以名称列表法提供检索的形式主要有两种。一种是将协会组织出版的期刊按照字母顺序组织起来，提供给用户的界面是字母序列，用户只需按照所需期刊的首字母数据库提供的字母序列上单击就可以找到期刊的相应位置；另一种是直接将期刊名称排列在页面上，这主要是由于行业协会出版的行业期刊数量有限，并不像综合性数据库期刊数量巨大，所以利用这种形式更便于用户了解数据库收录的期刊并单击进入了解期刊的相关内容。如图 4-6 所示，ACS 数据库按照字母顺序直接将收录的期刊名称组织在页面中。

综合性文摘型/全文型数据库的期刊数量非常庞大，诸如 Web of Science 收录的期刊已经多达 9 000 多种，所以综合性数据库不采用直接将期刊名称用列表的方式罗列出来，而是通过字段检索或者是字母序列间接提供用户期刊名称列表。在用期刊来源字段检索时，一般不能用期刊名称中的关键词检索，而只能用出版物名称的全称、缩写或前面部分。图 4-7 中展示的是 ISI Biosis Previews 数据库的名称列表法，如果用户需要查找检索出版物名称以植物（plant）开始的出版物，可以在文本框中输入 plant，然后单击“MOVE TO”按钮。系统会把所有以 plant 开头的出版物名称列出。用户根据自己的检索要求单击所需要的出版物名称左边的“ADD”按钮，然后单击“OK”按钮，系统就自动将检索要求添加到来源出版物检索框。此检索字段除“OR”外，其余运算符均不可用。运算符"OR"可以连接多个出版物的名称，用来同时检索多个出版物的论文。这种方式就要求信息分析人员熟记每一种刊名的准确拼写，显然这是一件不现实的事情，因此分析人员最好选择字母序列的方式进行检索。如 ISI Web of Knowledge 中的"source list"、Ei Engineering Village 2(EV2)中的"serial title"以及 CSA IDS 检索系统中的"serial source list"等，借助这些出版物来源列表，用户可以方便地浏览来源出版物。

图 4-6　ACS 期刊名称列表法

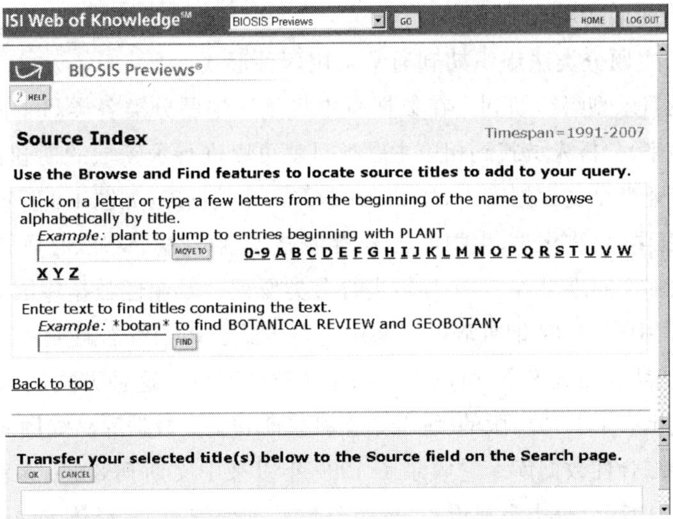

图 4-7　BIOSIS Previews 期刊名称列表法

名称列表法适用于当领域分析人员已经掌握领域内的某些期刊名称时使用,分析目标主要是用于分析某种期刊一段时间内的发表文献情况。通常选中作为遴选数据来源的期刊,在领域中一定享有很好的声誉,都是核心期刊,所以,分析目的多用于评价机构或者人员的产出和研究内容,再附加一定的时间周期就可以分析他们研究的变化情况。例如,《世界科学中的中国2004年系列研究报告之二》曾经以 *Science* 和 *Nature* 作为分析对象,分析了当代科学的学科分布、各国科学实力以及世界一流科研机构等[72]。

综上所述,这种方法以固定的期刊作为参照物,可以考察领域内和领域间的变化情况。如果选择的期刊在科学技术领域内享有一定的声望,例如,专家推荐的期刊或者是利用期刊评价工具遴选出来的具有权威性和代表性的期刊,那么以这种"科学聚焦"的方式构建的数据集也具有相当的权威性,可以用于宏观分析领域的状况。但是,欲全面具体分析领域的微观情况,满足微观需求目标,只选择一种或两种期刊数据进行分析,则略显片面与不足。

2. 主题分类法

通过分类提取领域分析来源数据是一个重要途径,无论是专业数据库还是综合数据库都提供分类途径进行查询。期刊的主题分类法是指数据库将其收录的各种期刊,按照分类体系进行整理提供用户进行检索的一种方法。

主题分类法同样以信息组织中的分类途径作为理论基础,数据库以期刊的主要内容为划分依据,进行粗略分类。采用这种方法组织期刊,可以实现领域分析来源数据遴选的族性检索功能,数据库设置的类目只按照主题名称组织,并不像信息组织中的分类途径还以分类号码的形式展现。

数据库按照主题分类法组织期刊通常采用两种形式。

一种是采用目录型组织期刊。在数据库中将领域主题分类各类目下的期刊名称在页面上直接罗列出来,分析人员找到相应主题类目就可以进行子领域的期刊检索。这种形式主要多出现在专业性全文数据库中,如Biomed Central数据库(如图4-8所示)中将收录的期刊按照总论、麻醉学、生物化学、生物信息学、生物技术、血液病、癌症、心血管疾病、细胞生物学、化学生物学、临床病理学等36个领域进行分类罗列。专业性数据库因为收录的期刊数量不多,且领域集中度高,因此通常可以采用这种方式。因为综合性数据库收录的期刊数量大,数据库中的期刊领域庞杂,所以少有综合性数据库按照这种方式展示期刊主题分类。国内重庆维普资讯有限公司出版的《维普中文科技期刊全文数据库》(如图4-9所示)是其中为数不多的一个综合性数据库。它收录了1989年以来中文期刊8 000多种,按照《中国图书馆图书分类法》中部分分类类目设置,按照分类号排列依次为:经济、文化科学教育体育、自然科学总论、数理科学和化学、天文学地球科学、生物科学、医药卫生、农业科学、工业技术、交通运输、航空航天、环境科学安全科学十二个一级类目,各个类目还设置了二级类目。

图 4-9 为数据库中期刊导航界面显示的内容。界面上除了提供一级类目的期刊检索外，还提供了各学科的更细分类，单击分类进入该类刊名列表。同时，它还提供“核心期刊”、“核心期刊与相关期刊”的选择，这个功能的设置在某种程度上可以解决相关主题存在的问题。

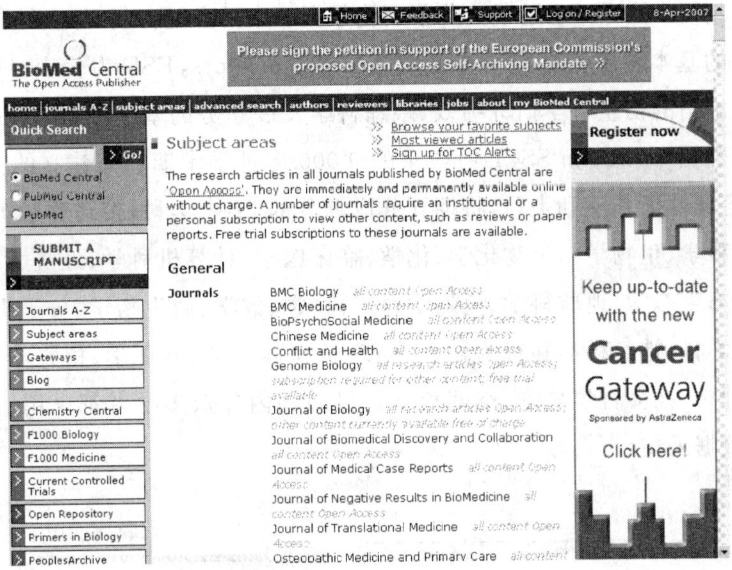

图 4-8　BioMed Central 期刊主题分类法

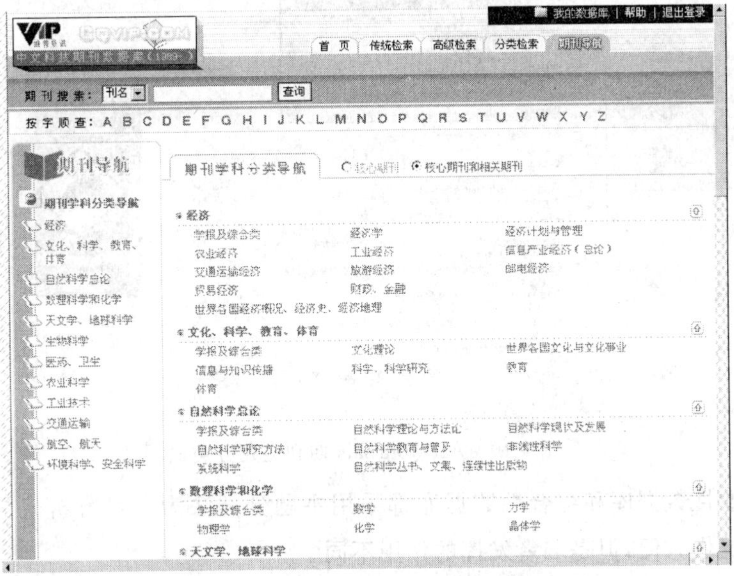

图 4-9　维普中文科技期刊全文数据库期刊主题分类法

另一种是采用下拉菜单式组织期刊。以下拉菜单的形式将期刊主题领域组织起来，检索人员只需要单击“浏览”按钮就可以通过下拉菜单选择相应的主题领域或子领域，这种形式几乎各种类型的数据库都提供。图 4-10 所示专业性数据库 AIP Journals 单击“Subject Category”就可以通过下拉菜单浏览数据库中的主题分类；综合性数据库以国外 ISI 数据库中的基本科学指标(Essential Science Indicators，ESI)为代表。ESI 是 ISI 公司于 2001 年推出的衡量科学研究绩效、跟踪科学发展趋势的基本分析评价工具，是基于 ISI 引文索引数据库(SCI 和 SSCI)所收录的 9 000 多种学术期刊而建立的。ESI 按照期刊本身的内容属性设置期刊类目，将期刊分成划分的 22 个学科，按名称的英文字母排列依次为：农业科学、生物学与生物化学、化学、临床医学、计算机科学、经济学与商学、工程学、环境科学与生态学、地球科学、免疫学、材料科学、数学、微生物学、分子生物学和遗传学、综合交叉学科、神经科学和行为科学、药理学和毒物学、物理学、植物学与动物学、精神病学与心理学、社会科学总论、空间科学。目前国内外众多学者都采用这种方式进行领域分析的数据采集。

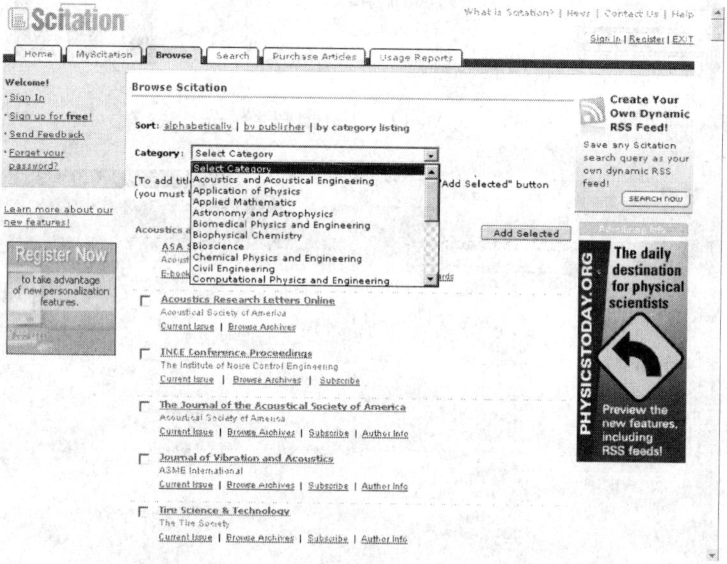

图 4-10　AIP Journals 期刊主题分类法

虽然专业性数据库和综合性数据库都采用主题分类法为信息分析人员通过期刊途径遴选数据提供方便，但是二者发挥的作用不同。

就专业数据库而言，主要优势体现在两个方面：第一，专业数据库中的领域分析来源数据，专业集中度更高，便于确定领域分析数据集的数据检索范围。在专业数据库中，由于数据库收录的期刊数量相对较少，且都隶属于一个大的专业领域范畴，期刊主题领域的划分紧密围绕数据库的主题领域进行，因此，分支领域与数据库专业领域紧密相关，数据专业度相对集中，族性检索功能更加突出。例如，BioMed Central 数据库中将 36 个生物领域的子领域集中在一起，信息分析人员可以从宏观上对生物领域的分支领域内容做到大致的了解，辅助他们确定数据的检索范围。第二，专业数据库中的领域分类设置专深，便于进行子领域的数据遴选。由于专业数据库中期刊收录的数量不多，且都是与专业领域高度相关的期刊，所以，数据库商可以很容易地对期刊主题进行粒度更细的分类，类目设置的专深程度要超过综合数据库中期刊类目的设置。例如，就物理领域而言，收录该领域期刊的数据库数量很多，如美国物理协会的 AIP Journals 数据库，它以物理领域为主；ISI 的 Web of Science(WOS)数据库把物理作为独立类目收录物理领域相关数据。二者都包含物理领域的期刊数据，但是二者对于物理领域的二级类目设置的专深程度却存在着很大差别。AIP Journals 数据库中把物理领域划分成了 23 个子领域，其中诸如 computational physics and engineering、environmental physics、physics education 在 WOS 中则没有独立出来。因此，从专业数据库中的主题类目中可以发现一些综合数据库没有提供的子领域，从而进行更加细小的领域分析数据集的数据遴选。虽然专业数据库在上述方面具有优势，例如，族性检索功能较强，类目设置较为专深，但是由于专业数据库收录期刊数量有限，领域分析数据集在数据数量上不一定能全面且足够覆盖整个领域，不利于揭示领域的整体情况。

就综合数据库而言，主要优势也体现在两个方面：第一，综合数据库中的数据量大，便于揭示领域的整体情况。在实际工作中，以期刊途径的主题分类法选取领域分析数据时，更多的信息分析人员选择综合数据库进行，这主要是由于综合数据库占有的期刊数据量大，避免了“一家之谈”的片面性情况。同时，由于各个领域的数据都包含在数据库中，因此，综合数据库以其广泛的资源优势可以全面揭示领域的整体情况，并且还可以帮助信息分析人员间接找寻到与分析对象交叉相关的领域，便于信息分析人员发现领域间的潜在关联关系，更便于揭示领域的态势。第二，综合数据库中的领域分析类目设置科学严谨，便于从类目入手遴选数据。综合数据库中收录的期刊数量远远超过专业数据库，所以，对于期刊的主题分类一般遵循全景式的细致的学科等级体系，比专业数据库的浏览分类导航系统要严谨。例如，前面介绍的维普中文科技期刊全文数据库的类目设置就以《中国图书馆图书分类法》为依据，这样一旦用户了解综合数据库的分类体系原理之后，便很容易实施检索策略。

综上所述，无论是专业数据库还是综合数据库的主题分类法都适合于按照数据库中已经设置的主题类目对应的领域进行数据遴选，这种方法的优点主要包括：第一，期刊的分类都是结合期刊主题内容，不是依据成熟的分类法进行，就是借助领域专家指导完成，因此，在一定程度上，可以保证利用期刊方法选择数据的质量。第二，这种方法直接通过期刊自身属性归属期刊类别，可以帮助用户直接利用主题分类选择对应领域的期刊数据进行相应的分析，不需要信息分析人员描绘研究领域范围，降低了数据集构建的难度。第三，对于主题类目的子领域进行分析时，根据领域的层次可以采用“自上而下”的方法，在主题分类法中通过下载上位类领域数据，形成上位类领域数据集，再从该数据集中析出子领域的数据用于分析。

期刊途径的主题分类法对于分析人员而言，方便容易，但是由于其相对固定的类目设置也为采集数据带来了一些弊端。首先，没有考虑领域大小的问题。对于自然科学领域而言，由于学科本身的属性，领域有大有小，且分支众多，现有综合数据库对于期刊分类最多只设置到二级类目。因此，对于诸如单向移植类领域开展信息分析时，还可以从大的主题领域下析出子领域数据。而对于双科交融领域或者是多元综合领域，则无法用主题分类法进行。其次，没有考虑综合性交叉性领域的问题。数据库提供的期刊主要是按照专业领域进行分类，而对于一些综合性期刊就会出现无从归属的问题。因为一种文献不可能划分到一个类目中，它或许由一个或几个分类号或关键词代表，一旦文献主题属于交叉学科，主题范围超过某类期刊被归属的类别，那么用期刊一个类别代替文献几个类别，显然会出现“以偏概全”或“以全盖偏”的现象。例如，*Nature*、*Science* 等综合性期刊所涵盖的范围，至少应该是包括几类领域或学科，期刊的综合性不代表其中收录文章主题的不明确性，往往其中某些文献的主题十分清晰，可以明显地被分配到某个具体类目中。如果按照 *Nature* 在 ISI 的归类“multidisciplinary”，那么其中的文章也会被归类到这个类目下。最后，没有考虑结果数据集大小的问题。主题分类法将数据库中所有属于该主题的数据都集中到类目下，如果利用综合数据库构建数据集，由于其收录的期刊数量非常庞大，形成的领域分析数据集数据量也具有一定规模，数据量会多达几十万条，其中必然有部分冗余数据，相应地降低了数据集的质量，信息分析人员处理数据的工作量也就随之加大。

4.3.3　基于主题内容的组织方法

1. 主题分类法

主题分类法是指按照数据库提供的分类号码或类目途径组织领域文献的方法。它的理论基础是信息组织中的分类法。

数据库系统把某一领域的文献按照分类编排，以分类索引的形式提供给用户使用。利用这一途径选择文献数据，首先要明确课题的学科属性，从而获得相应的分类号或类目，然后按照分类号或类目逐级查找。这种从分类途径选择数据的方法，便于从学科体系的角度较系统地获取文献，实现族性检索功能。

例如，ISI Web of Knowledge 平台的 INSPEC 数据库将其收录的文献采用等级列举式分类体系组织类目，共设置了五个一级类目(如图 4-11 所示)，具体包括物理、电子工程和电子学、计算机和控制、信息技术、制造和生产工程，在每一个一级类目下又相应地设置了二级子类目(如图 4-12 所示)和三级子类目。分类体系中的分类号采用字母和数字结合的方式设置，其中字母表示类别，数字代表层级。

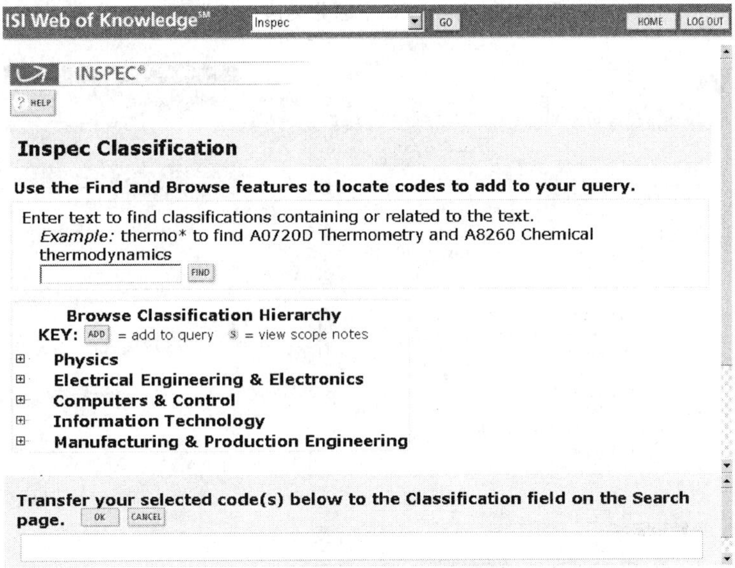

图 4-11　INSPEC 主题分类法一级类目

再如，重庆维普公司的维普中文科技期刊数据库依照《中国图书馆图书分类法》的分类体系组织收录文献，提供分类检索，类目的等级层次设置同《中国图书馆图书分类法》

体系完全一致，如图 4-13 所示。

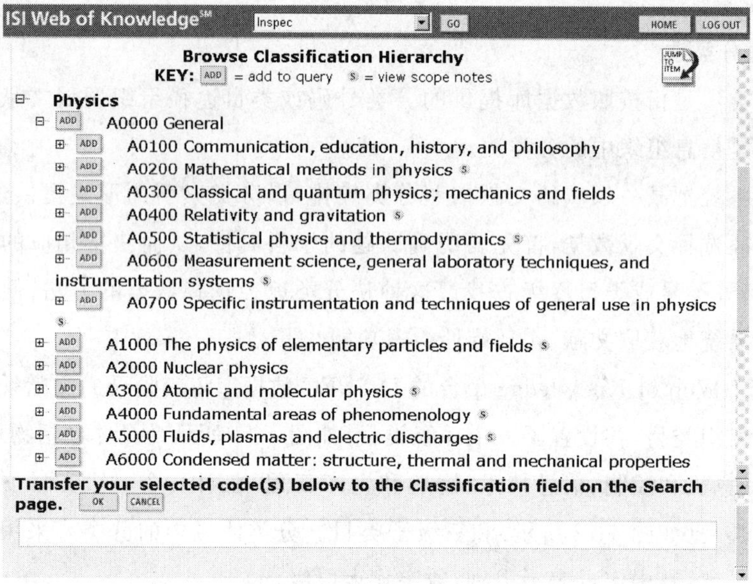

图 4-12　INSPEC 主题分类法二级类目

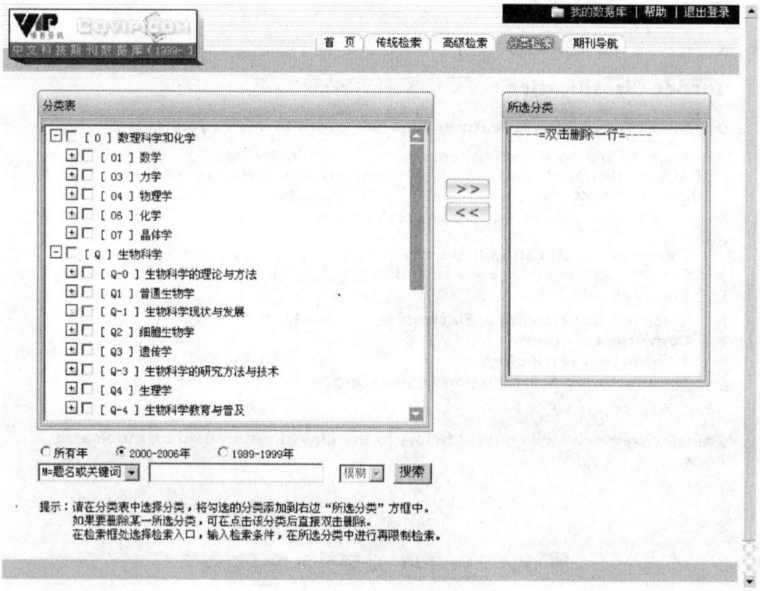

图 4-13　维普中文科技期刊数据库

目前，提供主题分类法的数据库检索系统数量并不多，并且少有的几个数据库也都属于综合文摘型/全文型数据库，专业全文数据库并不提供这种方式。从上面的实例可以明显看出，主题分类法从一定的角度出发，有层次地揭示出数据库检索系统中收录的信息资源，类目展开清晰、系统，分类体系结构显示直观，对于数据库检索系统中所揭示类目对应的领域，遴选数据是十分便利的。这种方法不需要分析人员过多掌握领域知识或者是拥有较多的检索技巧，只需要他们对所用的分类体系有一定的了解。这样，在构建领域分析数据集时，利用分类体系确定相应的类目即可，然后进行选择，下载数据，就形成领域分析数据集了。但是，其缺点也是不言而喻的。这种方法具有一定的凝固性，信息分析人员只有按照数据库提供的主题类目进行选择的权力，不能随时改变和调整，更重要的是主题分类中没有设置交叉学科领域的类目，致使一些交叉学科领域无法对应到这些类目中，因此对于交叉学科领域采用这种方法，则不能完成数据集的构建。

2. 规范词表法

规范词表法是指按照数据库提供的主题词检索领域文献的方法。它的理论基础是信息组织的主题法。主题途径是根据文献的主题特征，利用各类主题目录和索引进行检索的途径。利用主题途径检索时，只要根据所选用主题词的字顺(字母顺序、音序或笔画顺序等)找到所查的主题词，就可查得相关文献[71]。

规范词表法与传统手工检索系统中叙词表的建立原理相同，它按照数据库收录的范围和内容，通过主题词表来反映数据库中各检索词之间的关系，依据主题词表对文献进行主题标引，对每篇文献给出若干个主题词。提供规范词表法遴选领域分析来源数据的数据库通常为综合文摘、型数据库，因为其收录的数据量庞大且内容纷杂，所以，可以形成包含有特定学科领域的、在语义和类隶属关系上相关的规范化词汇表。通常情况下，数据库提供规范的在线主题词表让用户选择，以便准确、全面地检索出所需信息。这种方法的特点是直观、专指、方便，表征概念较为准确、灵活，不论主题多么专深，都能直接表达和查找，具有特性检索功能。

例如，ISI Web of Knowledge 平台的 INSPEC 数据库不仅提供受控词列表 INSPEC Thesaurus，而且对每个受控词的适用范围都有具体说明，并列出受控词与上位词、下位词和相关词之间的等级关系。图 4-14 为通过叙词表查询“biomass”之后，数据库的检索结果，在 INSPEC 中 biomass 使用的词语为 bioenergy conversion；图 4-15 为 bioenergy conversion 的详细款目。

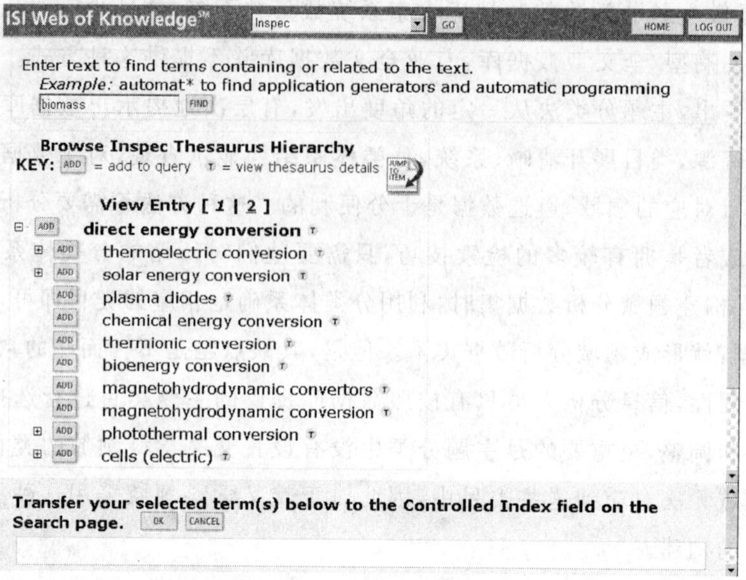

图 4-14 INSPEC 中“biomass”查询结果

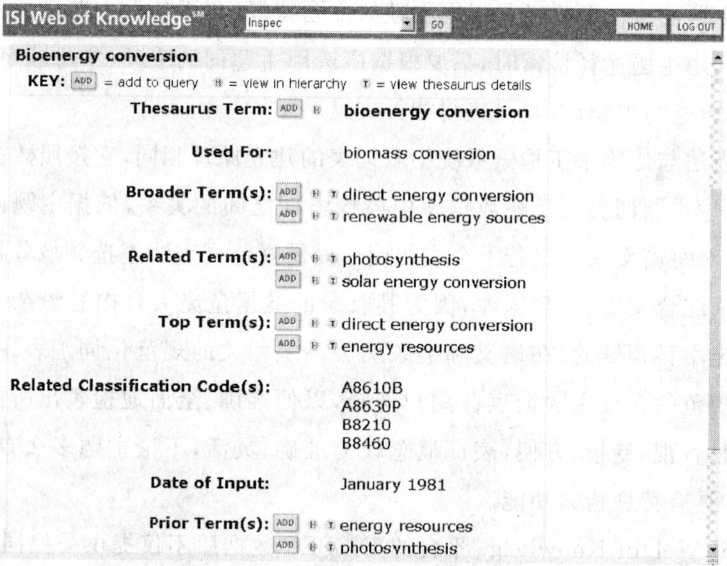

图 4-15 INSPEC 中“bioenergy conversion”详细款目

INSPEC 规范词表不仅可以利用精确词语进行查询，还可以利用“ * ”号组配符进行模糊查询。但是 INSPEC 只是将数据库中所有收录词语从整体上进行了整理，而 CSA 则按照领域主题分类将叙词表进行更加详细地划分，为用户提供在不同领域中的词语查询。如图4-16为 CSA 提供的规范词表列表，该数据库提供的规范词表是按照领域的字母顺序组织起来，包括水产科学和渔业文摘(Aquatic Sciences and Fisheries Abstracts)、环境影响综述文摘(Environmental Impact Statements)、生命科学(Life Sciences)、气象与地球天体文摘(Meteorological & Geoastrophysical Abstracts)、污染(Pollution)等，并将各词表分为字顺列表、层次关系和轮排索引展示出来。其中，字顺词表显示主要词汇列表，不显示其关系，输入一个词或者短语来查询字顺列表；层次关系显示已发现条目内所有词汇之间的关系，如狭义词和广义词，包括解释性注释，输入词或短语来查询层次关系；轮排索引显示包含已找到词的所有词汇，包括相关词汇，输入一个词来查询轮排索引。

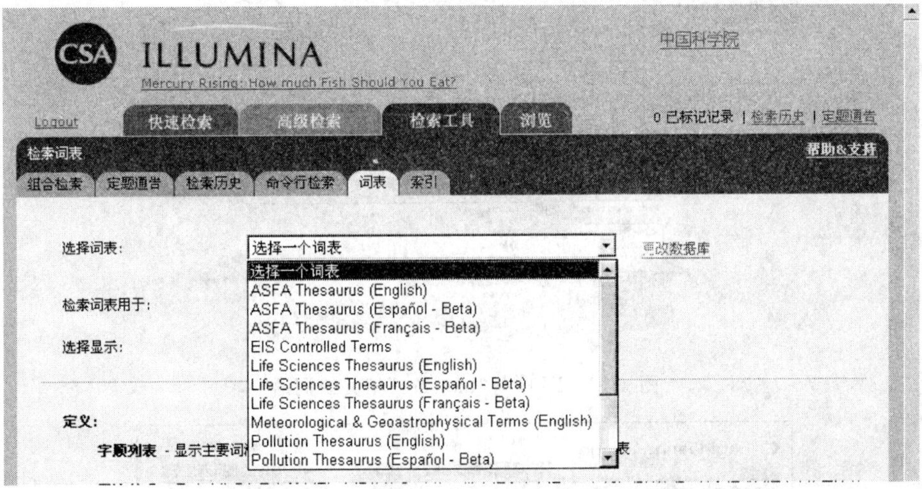

图 4-16　CSA 词表

很明显，利用规范词表法选择领域数据的优势表现为，既满足了族性检索，也满足了特性检索的需要。具体而言，一方面，规范词表提供词语在数据库中的严格规范化形式，通过规范词表的轮排索引有效地控制了词语的所在位置，用户可以从词语的任何一种字面形式入手查找到数据库中其他相关词语。同时，通过概念的学科类属关系控制了索引词语，使分析人员可以从学科分类入手选择词语，因此，满足了领域分析数据集数据选择的族性需要。另一方面，通过规范词表中词语之间的等级关系，从概念的等级从属关系方面更有效地控制了词语，使它含义明确，上下左右关系清楚，上位概念、同位概念和下位概念能汇集在一起，因此，对于分析人员而言，可以根据领域分析需求调整词语选择的范围和宽窄度，并且可以把相关词语全部集中在一起，从而实现了领域分析数据集选择的特性需要。

目前，利用数据库的在线规范词表构建数据集的方法基本相同。图 4-17 是在 EI 叙词表中输入了词语“biomass”后，得到的在 EI 数据库中与“biomass”相关的词语结果，共 10 个。根据信息分析人员对于生物质能领域的前期资料调研，可以确定 bioconversion、plants、renewable energy resources、vegetation 等为相关词语。在选择词语之后，它们可以被数据库自动添加到检索框中，并且根据词语之间的逻辑关系选择相应的逻辑符号“or”或者是“and”。图 4-18 为词语进行“逻辑或”运算的检索结果，虚线圆圈内为最终的检索式。

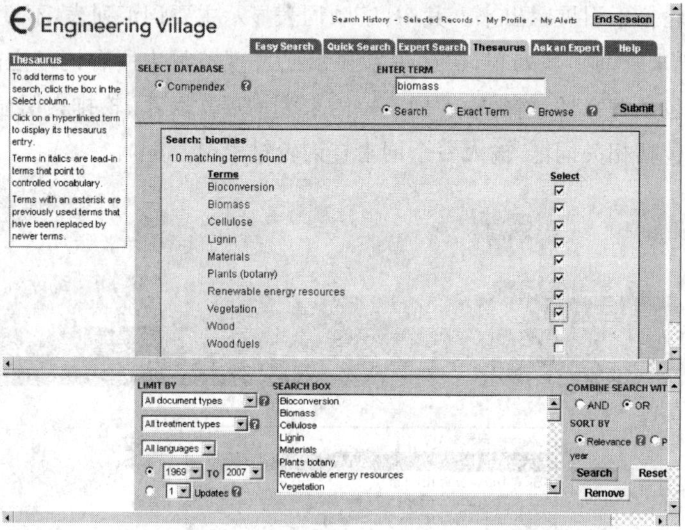

图 4-17 EI 中与“biomass”相关的词语

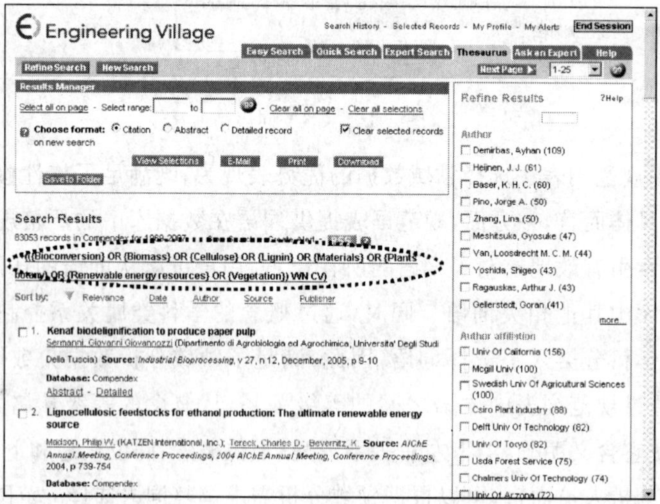

图 4-18 EI 规范词表法检索结果

虽然利用规范词表法在领域分析数据集进行数据遴选时，可以将检索词转换为数据库提供的受控词，从而保证数据集具有较高的查全率和查准率，但它也存在着一定问题。因为在数据库中检索的词语必须是数据库词表规定的主题词，如果数据库中词表没有包含该词语或者是相关词语，则在检索过程中就会出现漏检。例如，上面在 EI 中检索的有关生物质能领域的词语，提供的 10 个词语远远不能代表生物质能领域的关键性词语，于是，信息分析人员根据规范词表选择的词语就会受到一定限制和干扰，影响数据集的构建效果。因此，为了避免这种情况的出现，规范词表法最好是与其他基于主题内容的组织方法配合使用，以保证数据集具有全面性。

3. 自然语言法

长期以来，帮助用户简单方便地获取真正有用的信息，是信息检索技术关注的热点和数据库商亟待解决的关键。于是，信息服务界突破主要采取人工规范检索词对文献进行主题标引的方式，采取不进行人工干预，以日常用语、关键词等作为检索词，并和计算机从文本自动抽词进行匹配的基于自然语言的检索[74]。于是，自然语言法应运而生，它是一种直接的方法，目前几乎所有的数据库系统都提供自然语言检索。

采用自然语言法在数据库中遴选数据主要有两种方式。

一种是信息分析人员直接在检索框中输入描绘领域的词语，数据库就可以将标题、文摘和关键词字段含有任何一个或多个检索单词的记录都作为命中结果。采用这种方式最为典型的是 ISI 公司推出的 ISI Web of Knowledge 检索平台。欲保证数据集拥有足够的数据量或者是覆盖面，输入越多的词语命中的记录越多，例如，哥伦比亚大学医学信息学系的 James Cimino 提出分析数据库中主题词与副主题词的对应关系，重新组配主题词和副主题词的关系，可以生成更加复杂多样的词语组配，从而通过增加主题词来扩大检索结果。Powsner 利用这种方法在遴选有关引起心肌梗塞病因方面的数据时，检索结果就从 1320 篇记录扩大到了 3852 篇[18]。

另一种是由数据库系统利用规范词表自动将用户输入的词语进行转换，这主要是为了保证信息分析人员输入的词语与数据库中记录的词语准确匹配，将自然语言法与规范词表法二者结合起来，这样可以很好地弥补二者各自的缺陷。例如，MeSH 词表转换表，该表包含 MeSH 主题词和副主题词以及来自“统一医学词汇系统”(UMLS)中的同义词、英语变异词以及物质名称及其同义词等词汇。当输入检索词“vitamin h”时，Pubmed 会自动将其转换为规范词 Biotin，以 Biotin 和 vitamin h 两词进行检索[76]，这种方式有效地避免了由于词语表达不准确而造成的漏检。

采用自然语言法构建领域分析数据集的优势表现为:第一,在遴选领域分析来源数据时,打破了规范词表法的固定模式,避免了人工标引的随意性、烦琐性,信息分析人员可以自行选择词语,灵活地输入检索式,提高了处理数据的效率,节约了成本。如果再能借助数据库提供的规范词表转换自然语言,还可以有效提高数据集质量。第二,由于自然语言法需要信息分析人员自行构建检索式,因此,这种方法可以适合于任何类型的领域,不存在领域内容和领域大小的问题,只要信息分析人员可以挑选出合适的词语描绘领域即可。

但自然语言法存在的问题也比较明显。因为,它实质上是把检索词和数据库文献中的关键词或截取文献的标题、全文进行简单字形上的对照匹配。所以,这仅仅是基于字形而非严格意义上的主题概念语义关系的一致,不仅不能反映广泛存在于自然语言中的同义词、近义词之间的关系,也不能反映基于概念的词与词之间的等级从属关联关系。因此,这种方法对于信息分析人员的检索能力提出了很高的要求,只有分析人员在对领域情况有所熟悉的基础上,才能尽量构建一个相对“完整、准确”的检索式来表示领域的特征,实现从数据库中遴选出相关文献。

4. 词根检索法

词根检索法严格意义上讲是自然语言方法的一种具体检索技巧,它是领域分析数据集构建中一种使用较为普遍且最简单直接的方法。

最早提出这种方法的是美国科学技术情报服务公司,他们对分析领域的表达术语采用截词的方式在数据库或者是互联网上进行粗糙检索。但是,这里的词根检索法不同于使用截词符按照“前方一致”的原则检索,而是根据键入单词的词根和被检索单词的各种变格形式,包括复数(不包括不规则复数形式)、动词的动名词,等等[77]。由于具有相同词根的词有相近含义,因此借助词根检索的功能可以提高数据集的查全率。目前,许多数据库都支持词根检索法,如ISI的所有产品、EI等。

在领域分析数据集构建的实际工作中,许多学者都将词根检索法应用于纳米领域进行实验,“nanoscience”可以用“nano *”表示进行检索。虽然这种方法在某种程度上减轻了描绘领域的困难,为领域分析的初步遴选提供了一个入口,但是根据词根检索法的原则,它也将各种包含此词根的噪音词遴选进来,如nanometers、nanosecond、nanojoule这样的量度单位,还会把NaNo化学式、nanoplakton(微型细胞生物)等词语的记录选择到数据集中,无形中大大降低了数据集的质量。反过来,如同“micro-”等可能涉及一些纳米领域的词语却被排除在集合之外,没有被遴选进数据集合中。这样的实例还有很多,如气象学领域、环境领域等都会出现这样的问题。

因此，从上面这些实例很容易看出，词根检索法属于一种粗糙的构建方法，它的优点是可以直接从相关数据库中检索到包含有表达式的数据，便于分析人员快速找到数据集构建的入口途径；明显的缺点是可能由于未能真正找到代表领域的词语表达形式，而丢失了一部分由该词语表示的记录，或者是增加了一些相关度不高甚至是无关的记录。所以，这种方法在针对“模糊”领域分析对象时，可以作为初步圈定数据范围来使用。

4.3.4　基于引用关系的组织方法

目前，在自然科学技术领域，领域分析数据集构建中经常选用的引文数据库有：ISI 的 SCI 数据库（Science Citation Index）、中国科学院文献情报中心开发的《中国科学引文数据库》（Chinese Science Citation Database，CSCD）、重庆维普咨询有限公司研制的《中文科技期刊数据库（引文版）》等。其中，SCI 数据库中由于收录的数据来自全世界，因此适合在国际范围内对领域进行分析。但是，当分析某领域的中国情况时，则略显不足，主要是因为 ISI 的 SCI 数据库收录的中国期刊寥寥无几，并不能比较全面地反映中文论文的引文情况，不能满足对大量中文著作的引文检索需要，也不能满足全面分析评价中国内部学术研究活动的需要。所以，如果需要检索中文论著之间的互相引用情况，则应该选择合适的中文引文数据库[78]。

引文数据库设置的检索字段同前面介绍的三种提取方式的组织方法相似，不同的是这些字段是建立在“被引”基础上的。部分遴选方法在前文中已经举过一些实例，如 Web of Science 的各种实例，所以基于这些途径的方法这里就不再赘述。

4.4　小　　结

本章分析了领域分析来源数据的组织状态，确定以结构化数据库为数据的主要来源。结合领域分析来源数据提取与信息检索的差异，限定了领域分析来源数据的提取方式，并具体分析了针对每种提取方式数据库相应的组织方法，以及组织方法的适用条件与特点。

通过领域分析来源数据的组织状态分析，可以发现，基于来源数据的组织方法可以实现领域分析数据的遴选，但是并不一定能保证构建的数据集具有核心性。就像在基于研究团体的分类列表法、基于研究资源的主题分类法以及基于主题内容的主题分类法中分析的缺点一样，通过数据库提供的既定分类，可以从来源数据中提取领域分析数据，但是由于分类体系是针对整个数据库的收录数据而言，在数据库收录的所有文献数据中典型性数据和非典型性数据都被归类到相应的分类体系中，所以，构建的结果数据集必然会表现为典型性不高。此外，对于一些数据库中没有对应的分类类目而言，如何从结构化数据库中直接利用现有来源数据的组织方法遴选出代表领域的典型性数据，则略显不足。

第 5 章　基于界域理论的典型数据映射方法

在领域中少量的同类信息源基本涵盖了领域中大部分的信息量。因此，只要找到代表分析目标的核心数据，而不是一般数据，就足以供情报研究人员揭示领域的状态。为了追求数据集覆盖面而使数据集过大，或者是为了追求数据集准确度而使数据集过小，这样的数据集都可能不具有典型性。

基于界域理论的典型数据映射方法是指在数据库中逻辑数据集合与领域分析数据集合之间为实现典型数据的遴选，结合领域演化和分析目标界定的领域边界，按照代表领域状态和特征的领域分析数据的物理状态分布规律构建的界域理论，在两个集合之间建立一种典型数据的映射关系，通过这种映射关系，实现典型数据的遴选，进而保证构建的数据集具有典型性。

5.1　典型数据组织状态

5.1.1　典型数据分布规律

代表领域的典型文献数据分布除了符合 2.3 节中介绍的文献计量学中的基本定律外，还符合社会科学中揭示集中与分散现象的“马太效应”。

期刊是文献发表的重要途径，按照马太效应的“成功导致成功”思想，从文献数据产生之初，典型数据分布就表现出文献的集中趋势、机构或作者的集中趋势、期刊的集中趋势等。具体表现为，在各领域中，最活跃的专家当属领域内的核心作者，为了保证他们在同行中的核心地位，他们生产的文章通常具有较高质量，属核心论文。论文作者要选择专业相近、声誉较高又最能省力发表的期刊投稿，反过来，期刊又要选择专业相符、质量较高、最接近期刊要求的论文发表，二者相结合，出现文献的堆加效应，使某些期刊成为领域中的核心期刊。核心期刊是期刊中的精英，虽然数量较少，却包含着丰富的信息，充当着学科信息主要传播者的角色，代表着学科的发展水平和方向。随着某个领域从发展期进入到成熟期，领域内的核心期刊周围都聚集着不同的作者群体，形成核心作者群和核心机构群。收录文献数据的数据库正是利用马太效应的累积优势，以最简单有效的途径，获取对用户效益最大、信息容量最大的核心期刊中核心作者的核心论文，作为文献资料，将文献资料结构化之后，以文献的各种特征项为检索入口方便用户进行查找。

可见，马太效应使得领域内各种典型文献数据分布保持一种良性循环，代表文献的典型数据为了保持其核心优势，核心作者需要不断生产高质量的论文；核心期刊需要不断提高编辑质量吸引高质量论文；核心数据库需要不断收录各种核心文献，提高用户对数据库的利用率和购买率。因此，典型数据分布具有正向增强效果，彼此相互促进，形成积累优势，相互推动保持核心地位不被动摇。

典型数据分布的正向增强规律为领域分析数据集遴选提供了帮助，它使得遴选数据可以遵循“最省力法则”，从大量文献数据中选择最具有代表性的数据供领域分析使用，以少量资源实现较大产出。“核心法”为典型数据的遴选提供了映射点，弥补了各种组织方式中分类法致使数据集过大或过小的不足，方法的本质是在减少数据量的情况下，保证数据集的质量不变，以核心数据代替整体数据。

5.1.2 典型数据映射方法

对应领域分析来源数据的提取方式，各提取方式中都存在着典型数据的映射点。基于典型数据的映射点主要包括核心机构、核心期刊、热点词语以及高被引文献。

1. 核心机构法

核心机构法是将核心机构作为映射点，具体而言是借助某些工具，如领域专家、机构名录、二次或三次文献(报告、问卷调查)、信息分析工具、搜索引擎工具等，由信息分析人员间接选取领域内最为活跃的机构来代替领域内其他跟随机构或者是附属机构，在数据库检索系统中进行检索的方法。

核心机构法的理论基础是洛特卡定律，它揭示了领域内文献作者或机构的分布规律[79]。利用洛特卡定律认识著者数量及其文献数量，便于认识文献规律，开展文献检索和利用工作，并且可以了解核心机构或著者，以便根据核心机构或著者检索有关文献。

确定核心机构的方法主要有三种。第一种是信息分析人员通过前期调研，对分析领域的情况有了初步的了解，掌握了领域中一部分活跃的有代表性的国别及其机构，将这些机构作为典型数据遴选的入口。第二种是通过计算机构一定时间内的文献产出率或篇均被引用率等指标筛选超过一定阈值的机构作为核心机构。指标的选择和计算可以利用 ESI 数据库直接查找到结果,但是分析领域被限定在数据库提供的主题领域范围内。如果分析的领域与数据库提供的领域无法对应,信息分析人员只有通过间接的方式自行测度。第三种是借用已有核心机构选取的主要渠道。例如,领域专家以及他们的论文综述、评论、研究报告或者是问卷调查中推介的机构,搜索引擎检索结果中的机构网站,一些数据库和网站提供的评价结果,如 ISI 的 Highly Cited、Current Contents Connecet、机构名录门户以及诺贝尔奖获得者等。

利用核心机构法构建领域分析数据集,除了可以透过一批机构的文献情况来考察整个领域情况外,还可以用于对比分析领域内各机构情况。

2. 核心期刊法

核心期刊法是指将核心期刊作为映射点,根据定性方法和定量方法,选取那些发表某领域论文较多、使用率(含被引率、摘转率和流通率)较高、学术影响较大的期刊为代表,在数据库检索系统中进行检索的方法。

该方法的理论基础是文献计量学中的布拉德福定律。布拉德福认为,任一学科中相对较小数量的科技期刊构成了这一学科的核心。科学文献涉及的主题的数量很小,科学家的发表物的重要性取决于该发表物与本学科关注的主题的相关性。研究工作与主题越相关,该论文越可能发表在与给定主题有联系的期刊上。因而,重要的科学研究成果,即对科学以及个别学科的方向有重要意义和影响的工作成果,都是集中发表在少数期刊中[49]。

基于这样的原理,核心期刊法的关键就在于如何确定核心期刊。在实际工作中,确定核心期刊的方法有很多,信息分析人员通常直接利用评价工具的评价结果来确定核心期刊。目前,经常使用的方法主要有两种。

(1) 评议推介法

评议推介法是信息分析人员选择经过领域专家和信息分析人员评议、学科信息门户推荐或者是领域内学者公认的期刊作为数据来源的方法。在传统基础学科领域中,由于传统基础学科领域发展时间较长,且相对稳定和成熟,因此,可以选择领域中公认的期刊作为核心期刊。例如,在物理学领域中,一致公认的期刊可以从这些渠道获得,包括被美国科技情报所的引文索引引用的世界一流的物理类及其相关期刊、英国的 INSPEC 数据库和美国的 EI 等引用的有关期刊和会议录、美国物理学会出版的 6 种物理评论 A-E 等系列期刊、欧洲物理学会和英国物理学会出版的期刊、美国物理研究所出版的物理类期刊以及综合类期刊如美国的 *Science* 和英国的 *Nature* 等[81]，都可以作为物理领域核心期刊。对于一些新兴交叉学科领域而言，可以参照的工具不多，主要依靠专家人工挑选期刊。

利用评议推介法是从定性的角度选择核心期刊，适合于分析一些已经发展比较成熟、稳定的领域，这类领域中通常存在一些各方公认的期刊，可以直接用于领域分析使用。

(2) ESI 和 JCR 的期刊评价

直接利用 ESI 和 JCR 遴选核心期刊十分方便。ESI 和 JCR 利用评价指标，如篇均论文被引用次数、当年指数等为评价期刊提供定量依据，信息分析人员可以根据指标排序选择核心期刊。

利用 ESI 和 JCR 等期刊评价工具是从定量的角度选择核心期刊，分析的领域主要是围绕其设置的 22 个主题领域及其子领域而进行。通过设置的期刊主题领域选择核心期刊方便、准确、权威，但是，由于受 ESI 和 JCR 设置的期刊主题领域限制，针对那些没有设置主题领域的双科交融领域或者是多元综合领域则无法进行。这种情况下，核心期刊的选择可以由信息分析人员按照期刊载文量、利用率等指标自行计算，筛选出超过一定阈值的期刊即为核心期刊。

3. 热点词语法

正如 4.3.3 节所论述的一样，基于主题内容的组织方法中，采用主题分类法和规范词表法选择数据准确、可靠，专指度较高，但是受数据库收录范围和人工标引的干预，使得检索过程死板，查全率不好；采用自然语言法选择数据灵活、简便，但是由于数据库系统自身的检索技术没有完全实现概念检索，所以要求信息分析人员在构建检索式时，必须要严格谨慎；词根检索法作为领域分析数据集的入口方法是一种最佳方式，它在一定程度上减轻了信息分析人员构建数据集检索式的负担，但是这种方式形成的集合会导致噪音词的出现以及某些专指词的缺少，因此，只能作为一种粗糙的领域分析数据集构建方法来使用，在利用它形成初始数据集基础上，可以通过对数据集的二次调整，得到更好的数据集。完善数据库检索技术，对于信息分析人员而言，显得无能为力，他们便开始将精力集中在描绘领域的词语选择上，于是集上述方法的优点形成了基于热点词语的映射。

热点词语法是指在自然语言检索技术的支持下，借助某些工具，如领域专家、词表、二次或三次文献（报告、问卷调查）、信息分析工具、搜索引擎工具等，由信息分析人员间接选取在领域内和密切相关领域中使用频次较高、可以代表领域主题的"核心"词语，在数据库检索系统中进行检索的方法。

该方法的理论基础来自于文献计量学中的齐普夫定律。这个规律表明频率太高或太低的词语，在检索中的使用价值不大。有些词语可能较多地被使用，较多地为人们所熟悉，易于得到更多选用，交流功能逐步增强，因为人们比较熟悉它们，使用它们易于表达思想，也易于为他人所理解。相反，那些不为人所熟悉、所理解的冷僻字，则越来越少地得到人们选用[49]。

基于这样的原理，热点词语法就是选择领域内以及密切相关领域中使用频率高的词语来描绘领域。它的关键是找到代表领域的核心词汇。核心词汇选取的主要渠道有：同行评议中的领域专家推介的词语，以及借助他们的论文综述、评论、研究报告或者是问卷调查人工挑选词语；借助文献计量学方法和知识挖掘工具确定高频次词语，如共词方法等。

4. 高被引文献法

高被引文献法是以高被引文献为文献数据集的映射点。高被引文献是指发表一段时间内在某一领域中被引次数超过某一阈值的论文。选择高被引论文作为领域分析数据，主要是基于这样的假设：如果文献在一段时间内迅速被许多著者引用，那么这样的文献必然为热点文献，所以，对这些高被引论文的分析，就可以在某种程度上反映出该领域研究中引人注目的热点，进而开展情报预测活动[83]。

高被引文献的获取途径主要有两种。

第一种是间接法。间接法是指信息分析人员先采用机构途径、期刊途径或者是主题途径，在引文数据库中进行初始遴选，然后利用套录技术将初始文献集合中的参考文献进行套录，再按照文献的被引频次进行排序，根据分析目标和分析对象，选择大于一定阈值的被引频次的文献，形成领域分析数据集。例如，国内学者崔雷就经常采用间接法获取高被引论文，进行领域分析。在“胆管癌”领域研究中，他在 SCI 采用相关策略检索到 1997—2002 年间发表的有关胆管癌的相关文献共 219 篇。对检索到的相关文献套录它们的参考文献，共得到 2580 篇参考文献，总出现频次为 3829 次。然后统计每一篇参考文献的出现频次，截取其中出现频次大于等于 10 次的论文作为高频被引文献，共 20 篇[84]。继而以这 20 篇高频被引文献作为研究人员在进行胆管癌这一主题研究时最为关注的核心文献，形成数据集。所以，间接法充分体现出基于引用关系的提取方式是一种综合的方法，它通常都采用研究主体、研究资源或者是主题内容的提取方式进行初始集合的遴选，再利用引用关系的扩展功能将数据集的相关数据选择进来，方法操作起来简便灵活，不受固定分类的束缚，但是方法的关键在于高被引论文阈值的确定。确定阈值是一项摸索性、经验性工作。一般情况下，信息分析人员根据自身的工作经验以及构建的数据集的大小来确定阈值，如果初次确定的阈值对于领域揭示不够准确，可以再次调整阈值重新构建数据集。

第二种是直接法。直接法是指信息分析人员无须自行检索、确定阈值选择高被引论文，而是直接利用引文数据库提供的引文分析产品选择高被引论文，如 ISI 的评价工具 ESI。国内学者谭宗颖就曾利用 ESI 提供的这些深度加工的引文产品进行了物理领域的分析[85]。正如前文中基于研究资源的“主题分类法”中已经论述过的一样，ESI 的检索方式是以 22 个分类领域为主，提供给分析人员一种动态的、综合的、基于网络的研究分析环境，它不仅提供科学家、机构、国家和期刊入口，最具特色的是按照不同时间段把 22 个领域中的高被引论文进行了统计分类。由于这些经过评价的论文对应于不同的领域分析目标，进而可以实现针对不同要求数据的选择。直接法简单全面且构建的数据集质量高，通过极强的族性检索可以遴选到专指度极高的数据，但是，由于按照 22 个领域对数据进行了分类，使分析人员只能按照既定的分类体系进行，数据库中没有设置的领域或者是类别归属不明确的领域都无法进行数据的直接遴选。

5.2 基于领域范式演化的典型数据映射方法

领域的横向知识扩展与纵向的知识增长共同构筑了领域层次网络。在领域范式演化的研究中可以知道，学科内外进一步的知识综合、转移、推广，致使分化的学科门类越分越细，形成部分较小的分支领域；综合的学科联系越来越密切，形成部分庞大的综合领域。因此，错综复杂的不断演化的领域要求在开展领域分析之前，必须要解析领域形成机制，判别领域主体内容，这对于领域分析数据集的数据遴选至关重要。基于领域范式演化的典型数据映射的总体思路是：

- 针对领域范式演化的不同形式，确定领域类型；
- 按照界域理论中不同领域类型的边界范围要求，结合上述典型数据映射方法，选取代表领域各主题分面的映射点。

5.2.1 单向移植领域的基底领域析出方法

单向移植领域具有偏序性特点，这类领域的形成是植入领域的某些内容并不改变基底领域的理论基础和研究体系。因此，对单向移植领域进行追根溯源，总能确定基底领域以及植入领域的植入元素。一般情况下，单向移植领域的基底领域通常为自然科学各个一级学科领域，或者是其下属学科领域；植入领域的植入元素通常为借用其他领域的名词、术语和概念，技术、公式、原理和模型等。

根据单向移植领域的特点，对于它的数据集构建通过映射到基底领域核心机构或核心期刊等的主题分类类目，再从基底领域析出与植入元素相关数据的方法进行。单向移植领域基底领域的析出方法具体是指以下 3 种。

- 根据单向移植领域的形成机制，确定单向移植领域的基底领域，基底领域一般为发展成熟稳定的较大领域。
- 按照领域分析来源数据的组织状态，利用数据库主题分类或者是期刊主题分类遴选基底领域的数据。
- 从形成的基底领域数据集中，析出代表单向移植领域各个分面的关键词，析出的分面应该包含领域内增加的植入领域的被移植内容、与被移植内容有关的基底领域数据、基底领域与从事相关内容的植入领域中有关机构或人员合作的关联信息，以及因被移植内容而带来的一些已经解决的问题或产生的新效用，进而形成单向移植领域的数据集。

单向移植领域基底领域的数据析出方法本质上就是以领域分析来源数据的主题分类法为切入点，利用来源数据提供的既定主题分类，析出代表新领域各个分面的数据，如单向移植领域的基底领域、植入领域的植入元素以及由植入内容产生的新效用等主题分面就可以圈定领域分析数据集的边界。由于结构化数据库的主题分类相对全面地将基底领域的数据集中在主题类目下，这样析出方法就将信息分析人员自行构建描绘领域的检索式方便地简化为以结构化数据库中既定的主题分类的数据为参照集合，挑选典型数据的方法，这样在保证数据集覆盖面的同时，又可以保证遴选的数据具有典型性。

5.2.2　双科交融和多元综合领域的融合要素汇聚方法

双科交融和多元综合领域的形成是科学既综合又分化的结果。它们的共同之处在于是不同学科领域的理论、方法相互交融，彼此结合在一起形成新的领域；不同之处仅在于交叉融合的学科领域是两个还是多个。因此，从融合要素的角度出发，二者遴选典型数据的方法相似。如果说单向移植领域的基底领域数据析出方法是一种“自上而下”映射数据的思路，那么双科交融和多元综合领域遴选典型数据的方法就是以融合要素为出发点“自下而上”汇聚各融合点，完成数据集的构建。

双科交融和多元综合领域的独立性决定了典型数据的遴选必须从领域内容本身入手，而不能从数据库设置的主题大类下析出数据，大多需要信息分析人员借助工具和专家选择特征项。这主要是由于这两类领域拥有自己独立的理论体系，借用的所需领域的概念、原理、方法、技术手段等不是简单的搬用、机械的堆积，而是某种移创、改造和加工，使得彼此之间能够有机的融合在一起，进而形成一个新的系统的有机整体。

具体来说，汇聚方法是从考察分析领域自身的形成机制入手，确定代表领域分面的典型数据映射点，然后将这些映射点汇聚起来遴选数据的方法，是自下而上选取数据的过程。因此，对于双科交融和多元综合领域，选取融合点，进行数据汇聚至关重要。

通常情况下，对于较大的双科交融领域和多元综合领域而言，数据集融合要素以核心机构和核心期刊为主。汇聚核心机构和核心期刊实现典型数据的映射主要是出于以下原因。

首先，选取核心期刊的主要原因是由于较大的双科交融领域和多元综合领域发展相对成熟、稳定，母体学科领域中的期刊随着新领域文献数量的增加，文献表现出再分布状态，必然会出现以新领域为主题的出版物。随着领域中出现代表领域的出版物，数据库中也会相应地收录这些期刊的文献数据，甚至是出现对应的期刊主题分类。因此，按照数据库的期刊主题分类，确定超过一定阈值的期刊为核心期刊，汇聚这些期刊作为典型数据的选取入口，就可以遴选出代表领域的文献数据。例如，在多元综合领域“能源”领域中，ISI JCR 中“energy & fuels”主题类目，以期刊影响因子作为筛选期刊的指标，选择影响因子大于 0.5 的期刊作为核心期刊来源，存在的核心期刊就有 *Journal of Power Sources*、*International Journal of Hydrogen Energy*、*Renewable & Sustainable Energy Reviews*、*Solar Energy Materials and Solar Cells*、*Combustion and Flame*、*Energy Journal*、*Energy Policy*、*Energy Conversion and Management*、*Energy and Buildings*、*IEEE Transactions on Energy Conversion*、*Renewable Energy*、*International Journal of Energy Research*、*Energy Sources*、*Energy* 等，将这些期刊作为融合要素汇聚起来就可以实现典型数据的映射。

其次，选取核心机构的主要原因是对于较大双科交融领域和多元综合领域而言，随着科学发生分化和综合的程度不断加深，领域不断吸收新的知识和技术，研究目的、研究范围也在不断地扩展，致使其理论体系日趋庞大，科学家之间的交流日趋集中，领域分析数据集表现为文献之间的联合发表以及研究机构之间的科研合作。特别是多元综合领域主要是围绕一个综合性问题或者是一个研究对象的多因素进行，当所需要解决的问题或研究对象是遍及自然界和社会各领域中的复杂的动态系统，就需要各国合作进行研究和解决，因此，专门设置一些国际性或国家性研究组织将科学力量集中起来研究综合性问题。这些国际性或国家性组织的研究成果必然是围绕领域的重要主题内容进行，所以，汇聚这些重要机构作为典型数据的入口，必然可以遴选出代表领域的典型数据。例如，在“依托大科学装置综合研究”中，就存在一些围绕大科学装置这一重要科学工具开展研究的实验室，如美国布鲁克海文实验室和阿贡实验室、英国卢瑟福实验室、日本高能加速器研究组织、欧洲核子中心、中科院高能物理研究所、兰州近代物理研究所、合肥等离子体研究所和中国科技大学国家同步辐射实验室等。所以，在针对依托大科学装置综合领域进行领域分析时，由于现有数据库未提供以大科学装置为目标，检索所有相关该大科学装置开展科技攻关论文成果的途径，分析人员可以将上述机构汇聚起来，以这些核心机构作为典型数据的选取入口，在相应的数据库中进行检索，就可以完成数据集的构建。

实现核心期刊和核心机构的汇聚前提是可以确定领域内出现的核心期刊和核心机构，而对于一些模糊性较强的领域，分析人员往往不知道该领域内的著者和机构，也不知道该领域内的主要出版物，更由于领域的交叉性和综合性，无法利用工具书查找领域归属类别时，则不提倡单独使用核心机构法和核心期刊法。

这样的领域通常为较小的双科交融领域和多元综合领域，对于他们的数据集构建，可以采用热点词语法或者是核心机构法和核心期刊法与词语的组合检索方式进行。于是，选择哪些热点词语来揭示领域状态显得尤为重要。信息分析人员在自行选择代表领域的热点词语时，可以结合分面理论，将领域分解成几个主题分面，对应这些分面，选择代表各个分面的热点词语，再将各分面词语汇聚在一起作为领域整体的热点词语集。由于双科交融领域拥有自己独立的新的理论体系，领域内涉及的研究对象、研究工具、学科语言等都是词语选择的分面，具体应该包括领域内出现的具体事物名词、事物材料名词、事物性质现状等名词、事物状态过程等名词、事物别称名词以及研究方法等[86]，图 5-1 为领域词语分面。同时，在选择过程中，如果能邀请领域专家参与进来，辅助信息分析人员进行词语遴选，则可以在一定程度上保证选择的热点词语的质量。

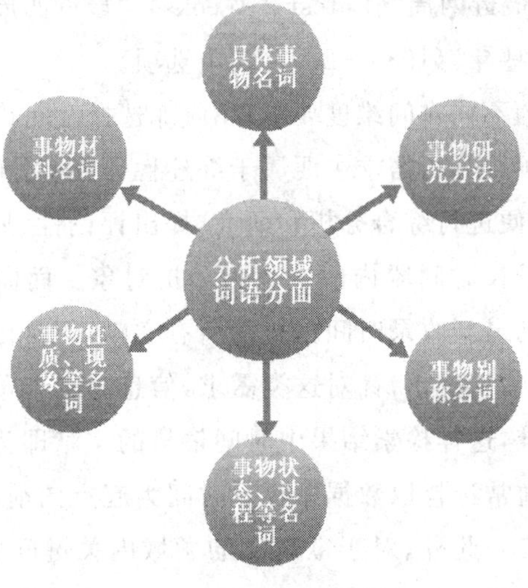

图 5-1　领域词语分面

5.3 基于领域分析需求和分析目标的典型数据映射方法

不同的分析需求和分析目标决定了领域分析数据选取方法的不同。基于领域分析需求和分析目标的典型数据映射通常辅助基于领域范式演化的典型数据映射方法完成，它将分析需求、分析目标与来源数据提供的选取条件结合起来，遴选典型数据。根据基于领域分析需求中，分析目标的领域分析数据集界域研究，可以发现宏观、中观和微观层面的领域分析需求反映了对分析领域的不同放大程度，通过中观层面的需求，可以间接满足宏观和微观层面的需求。因此，这里基于领域分析需求和分析目标的典型数据映射从中观层面领域分析需求的角度研究，再结合时间属性划分的领域分析需求类别，即面向过去的分析需求、面向现在的分析需求和面向未来的分析需求，考察不同时间维度的中观层面领域分析目标的典型数据映射。

5.3.1 时间跨度

时间跨度主要通过在结构化的数据库中选取时间检索条件来完成。数据库提供的时间限定通常以"年、月、周"三个周期为基本单位，其中年度为最常见的时间限定类型，而月和周并不多见。ISI Web of Knowledge 提供的所有数据库中时间限制条件里月、周、年均包含在内，图 5-2 中虚线圆圈内是 Web of Science 的时间限定条件，具体有"最近一周"(Latest Weeks)、"最近两周"(Latest 2 Weeks)、"最近四周"(Latest 4 Weeks)、"某一年"(1986—2007)、"某些年"(1986—2007)几个选项。

根据领域分析需求的不同时间维度要求，相应地选择时间跨度。

面向过去和现在的领域分析需求主要属于综述性研究，对于这类需求需要全面系统地收集领域内的文献，以便进行综合分析和研究，提出评论性、战略性分析结论，因此，在时间因素上就要考虑以较长时间段内的文献为分析对象。面向过去的领域分析需求主要是以领域诞生为起点到最新收录时间为止的所有文献，但是由于一些领域诞生的时间较为模糊，无法考究。通常情况下，针对这类需求，信息分析人员选择的时间跨度就以数据库提供的最早时间为准，这样检索结果中时间最早的文献即为领域诞生起点。面向现在的分析需求时间跨度通常选择以数据库收录时间为起点向前回溯五年或十年，考察这段时间内的领域发展状态。此外，对于欲解决的领域内关键问题的需求也属于这类，信息分析人员可以先从数据库收录的最早年限入手，初步筛选出"文献高峰季节"，然后再进行二次遴选，重点抽查这段时间的文献就可准确提供关键性信息。

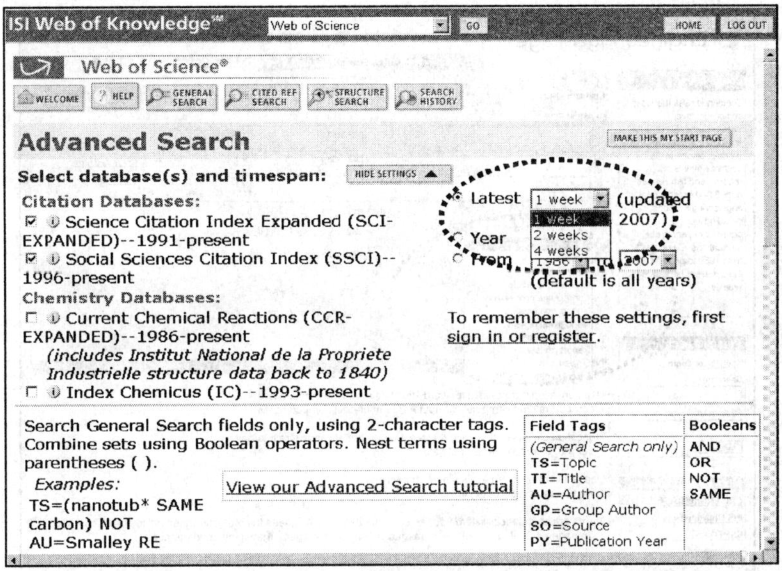

图 5-2 Web of Science 时间限定条件

面向未来的领域分析需求属于预测性、趋势性研究，时间单位选择可以相对短些，一般情况下，遴选出最新出版的文献就可以满足需求，因为最新发表的文献可以在一定程度上代表领域的最新发展前沿或未来发展方向，因此，在时间选择上可以以近一两年内的、最多五年内的文献为分析对象。

此外，时间跨度除了要结合具体的分析需求在时间轴上的分布外，还要考虑领域内容的时间性问题。由于各领域产生的时间不同，也会导致时间限定条件选择的不同。一般而言，像物理、数学、化学、地理等领域发展时间较长，发展过程虽然不是直线上升，但是总是波浪起伏地向前发展，因此，时间可以以较长时间为单位，特别是化学及相关学科，其技术更新速度远比信息技术领域慢，时间可以追溯得更远，所以，单从化学领域的专业数据库收录时间跨度来看都相对久远。而对于一些新兴的领域范式，发展时间不长，时间跨度不大，时间可以选择较小的周期为分析单位。

5.3.2 文献类型

文献类型是利用结构化数据库选取来源数据另一个需要考虑的检索条件。一般情况下，结构化数据库提供的文献类型选择通常以列表的形式展现，分析人员结合分析需求选择需要的文献类型即可,图 5-3 是 EI 的文献资源类型下拉列表。

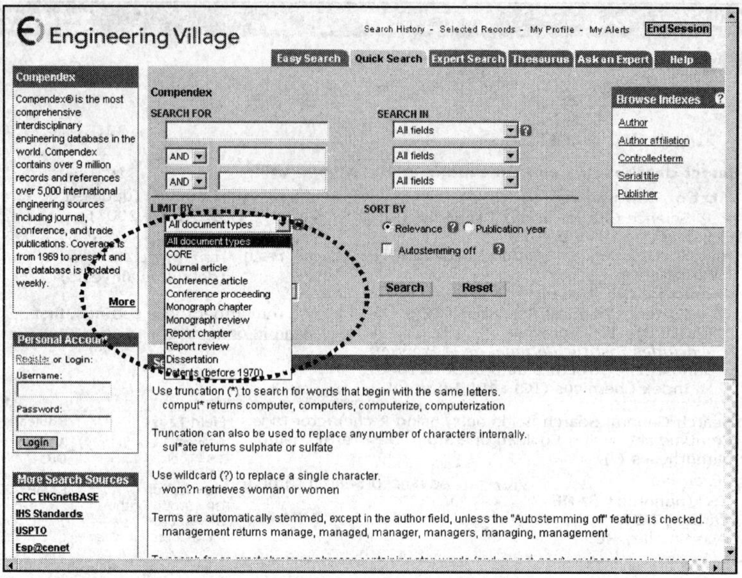

图 5-3 EI 文献类型选择

目前数据库收录的科技文献类型多样,如科技期刊、会议文献、科技报告、政府出版物等,其中,专业数据库主要以期刊文献类型为主,利用这类数据库进行领域分析时不需要选择文献类型。而对于综合数据库而言,收录的文献类型则比较多,由于数据库收录的范围和内容不同,提供的文献类型也不同。现有文献类型基本包括期刊论文、会议论文、学位论文、报告、评述、快报、标准、摘要、手册等形式,在众多数据库中,尤以 ISI Web of Science提供的资源类型最为丰富和详细,它将各种文献类型进行了详细的划分,目前收录的文献类型已多达 36 种,其中包括的内容除了一些基本文献类型以外,仅评论这一类型就涉及了艺术展览评论、电影评论、会议评论、图书评论、音乐评论、电视评论、软件评论、硬件评论等多种形式,此外还包括了预印本、草稿等。

正是由于数据库提供的文献类型越来越多,因此,在遴选领域分析数据时,必须要根据分析目标的不同,选择有代表性的文献类型用于领域分析。通常情况下,对于面向过去和现在的分析需求,选取论文(article)、述评(review)、注记(note)等文献类型就可以实现典型数据遴选,选择这些文献类型主要是基于以下几点原因。

第一,论文表述的内容全面,具有一定的学术价值。而述评类文献,从加工的程度来看属于二次文献或三次文献,这些文献在撰写过程中要全面、系统、客观、准确地收集某个研究领域的大量文献，纵向上要求全面、系统地反映该研究方向或课题的发展历史、现状和趋势，横向上要求全面反映有代表性的国家、研究机构、学者、专家的研究状况，因此，在一定程度上，可以代替相当一部分文献。

第二，被数据库收录的论文、述评、注记的作者通常是本学科或领域内权威学者，他们运用比较、推理、预测等思维方法对相关论点做出中肯的评论，对有代表性的结论做出深入的分析和评价，提出预测、建议和设想，指明趋势，自然文献价值也就较高。因此，在一定程度上，可以保证领域分析数据集遴选的文献数据的质量。

第三，对于那些被引用频次较高的综述性和评论性文章来说，它们往往不是一个热门的主题，而是一个重要的甚至经典的主题，因此，分析这些文献就可以减少分析人员很大一部分工作量，并且能快速准确地描绘出领域的状态。

此外，除了论文、述评、注记几个主要类型外，为了满足面向未来的前沿性分析需求，还有必要附加选择快报(letter)和会议论文(proceeding)。因为在快报和会议论文中，报道的内容较新，多数以定期跟踪某个领域的最新发展为主，动态性极强，随领域发展不断更新，把握住这部分内容就能准确掌握领域的发展走向和前沿动态。例如，CWTS的Henk F. Moed在分析计算机科学领域时，就选择以会议文献为主[87]，其主要原因就是计算机主题经常通过重大国际会议传播，会议论文是对该领域前沿内容最好的表述，其中的选题更具有代表性，也更具有时代性。

5.3.3 被引文献

高被引文献法是基于引用关系的映射典型数据的重要方法。选取不同时间段的高被引文献以及不同测度方法，对应着不同的分析目标。所有的高被引文献本身代表核心论文，而核心论文中的一部分代表研究热点，一部分代表研究前沿，按照ESI对高被引文献类型的划分，不同的高被引文献对应的分析目标如下所示。

- 高被引论文(highly cited papers)是指根据特定领域和特定时间段的百分位数的排位居前1%的论文，是从近10年的数据中选出[88]。它可以用于分析领域热点。
- 热门论文(hot papers)是指根据特定领域和特定时间段的百分位数的排位居前0.1%的论文，它的选择条件是论文的发表年限不超过2年，而且是在当前两个月里被引[89]。因此，热门论文代表在很近的一段时间内被关注，可以用于揭示领域发展的新趋势。
- 顶尖论文(top papers)是某一科学家、机构、国家以及期刊在特定领域和年限中的被引频次排名在前1%的论文[88]。它与高被引论文的区别是只有进入各领域排行的科学家、机构、国家以及期刊才列入计算，没有进入该领域排行的，便不能是该领域的顶尖论文。因此，顶尖论文可以用于分析核心作者、核心机构、重要国家以及核心期刊在领域内的研究热点和发展趋势。

- 快速突破的论文(fast breaking papers)是指在2001—2007年，每年的每个领域的高引文数的1%的论文组成的集合中，在两个月一次的更新周期中，所在领域里百分比增加最大的论文[91]。它用来确定快速突破的领域，可以用于分析近期开始吸引科学界注意的科学产出。
- 研究前沿是在专门主题中通过聚类分析确定的被称作核心论文的一组高被引论文。聚类分析以论文之间相互引证或共引的次数为标准聚类。由于研究前沿的论文不是根据基本科学指标数据库中期刊种类或论文中出现的词汇分类，而纯粹是基于引用模式，因此，它为高被引论文提供了另一种分类方式。其中，又分为最活跃的前沿(fast moving fronts)和新兴的研究前沿(emerging research fronts)。最活跃的前沿是在两个月更新一次的期刊中，从上一期到下一期在各自的领域里的核心论文数百分比增长最快的论文的集合[92]；新兴的研究前沿是在ISI两个月更新一次的热门论文中，在22个主要领域中由核心论文组成的以往任何一期均未出现的主题，将这些论文称为“新兴的研究前沿”[93]。

5.4　人工定性判断法

在上面分析的基于界域理论的典型数据映射方法中，很容易发现，在每种方法中不可避免地伴随着人工定性判断法进行数据的选取。

人工定性判断法主要指两层含义：一是指信息分析人员根据自己对于领域的熟悉程度和信息分析工作的经验，人工进行判断组成检索式的机构、期刊、词语以及引文；二是指领域内和领域外的专家参与，辅助信息分析人员挑选检索点。例如，金碧辉在《世界科学中的中国——物理学领域重要研究方向发展态势分析》中，首先利用JCR遴选了19种物理学领域的top期刊，再借助关键词词频统计的基本原理，由信息分析人员挑选出19种期刊的关键词中的“热点词”190个，然后邀请有关专家将190个“热点词”按照研究方向进行归纳收敛，形成15个方向的关键词词群，最后再把各方向的关键词词群提请科学家审核，相应地进行删除或增补，形成了最终的代表15个方向的关键词词群[11]。这样的实例还有很多。

在领域分析数据集构建中，人工定性判断法不像其他方法那样可以单独地被使用，其中的主要困难是信息分析人员和领域内外的专家对于一个既定的领域不可能完全了解，因为其相关子领域可能是非常庞大的，并且每一个领域中所涉及的内容相当丰富，这使得单单依靠人员了解一个领域的优劣成为一件不容易的事情。特别是对于专家而言，由于现代科学向微分化和积分化两个方向发展，这意味着懂得专门科学符号和行话的内行人越来越少，所以当评价一个领域时，很难集中到一定数量的该领域的专家进行客观的评价。

5.5　小　结

基于界域理论的典型数据映射方法从领域范式类型、领域分析需求和分析目标类别入手，根据领域范式演化、领域分析需求和领域分析目标界定的领域边界，结合现有来源数据的组织方法，遴选典型数据，实现典型数据集的构建。对于可以直接利用数据库提供的选取入口遴选文献数据的领域而言，它保证了遴选的数据具有典型性和核心性；而对那些无法直接利用数据库选取入口选取数据的领域而言，更是提供了一种按照领域边界，从不同分面选取典型数据的思想，进而解决了领域数据选取无从下手的问题。

第6章　领域分析数据集数据质量控制

数据来源代表文献数据的逻辑状态，领域分析数据集代表按照领域物理状态构建的结果文献数据集，数据映射是实现从逻辑状态提取代表领域物理状态文献数据的数据遴选方法，在这一过程中，从数据来源到数据映射，一直到最终形成结果数据集，每个环节中都需要考虑数据质量问题，对于数据质量的控制是保证数据集具有典型性的重要手段。

在每一个环节中，数据集的数据质量控制对象和控制要点会有所区别，但是最终追求的目标都是要保持数据集对于分析领域而言是合适的且典型的。

6.1　数据来源质量控制

领域分析数据集数据来源是领域分析数据集构建的起始环节，一个合适的数据来源是领域分析数据集构建效果好坏的关键，甚至是关系到领域分析质量的关键。因为数据集是领域分析的起点，而数据集的数据来源又是领域分析数据集构建的起点，所以选择合适的数据来源至关重要。

数据来源质量控制的对象是结构化数据库，控制要点具体包括以下五个方面。

6.1.1　权威性

权威性是保证数据集质量的重要标准，它确保选取的数据是核心的且典型的。数据来源权威性主要是依靠数据库，数据库的权威与否决定着数据来源的权威性。具体评价两个方面一是数据库本身的权威性；二是数据库中数据的权威性。

判断获取源本身的权威性，可以通过以下几个方面进行。

- 数据库的主页上是否清楚地标明了数据库开发的机构。
- 是否清楚地标示了数据库的版权所有者，如在主页上标示 copyright 或者是版权所有。

- 是否写明了数据库的责任者或管理者。
- 是否提供了更具权威的上层管理机构的链接。实际上，在用户的潜意识中，上层管理机构的权威性已遗传到了该数据库，有的数据库常常在主页的首要位置设置上层管理机构的链接。
- 数据库的类型是全文，还是文摘索引。文摘索引型数据库属于二次文献或三次文献数据库，收录的数据已经经过数据库开发商有目的的选择整理，具有评价性质；而全文数据库的资源是由数据库开发商按照购买资源的合约进行的，因此，收录的数据受契约限制，评价色彩较弱。

判断获取源中数据的权威性，可以考虑以下几方面。

- 领域内的知名学者、专家与科技人员发表的文献所提供的信息比较权威。例如，ISI 推出的 ISI Current Web Contents 是一个在专家评价基础上的高质量学术网络资源，它遵循的 7 项评价标准中，第 1 项便是权威性。权威性中明确提出[95]：作者的权威性如何？作者的工作机构？作者能否联系？具体判断是否是公认的学者、专家与科技人员的基本条件是：在领域内核心期刊上发表过论文，或是符合引用过公认的领域内的论文与领域内期刊论文，或是论文被其所引等四条标准中的两条即可。
- 著名学府、著名科研机构或出版单位出版的文献可信度大。
- 专业研究机构比一般社团的信息资料可靠性大。
- 引用率高的期刊、机构、文献的可信度高。通常认为被 SCI 收录的期刊可信度高。因为，在 SCI 的选刊过程中，主要考虑以下四个因素：期刊出版的基本标准，即刊物出版是否准期，是否遵循国际编辑惯例，是否提供足够的英文信息，刊物是否有一定的国际影响；编辑内容，即收录的期刊在内容上是否使 ISI 数据库更为丰富；国际化程度，即刊物中论文的作者和其引文作者是否源于多个国家，反映国际上科研活动的全貌，保持不同学科间的平衡；引文分析，在引文分析中，一个最重要的参数就是影响因子[96]。因此，基于这样严格、全面的选刊标准，通常认为被 SCI 收录的期刊权威性高。
- 发表在正规报刊上的文献可信度高。

6.1.2　覆盖性

覆盖性是指数据来源中文献数据涉及的主题范围，它是保证领域分析数据集全面的重要标准。判断覆盖性的方法可以包括以下五点。

① 根据数据库开发的目的、任务和使命进行判断。一般情况下，数据库的主页上都

提供数据库自身的介绍，并且，数据库的购买单位在数据库资源链接的地方也提供相应的介绍。介绍中一般都包括数据库的开发公司或者是协会、数据库覆盖领域或学科、收录范围、更新日期等。信息分析人员可以根据数据库的介绍进行判断。

② 根据媒体和用户评价进行判断。数据库自创办以来，会出现用户对数据库利用情况的一些评论性的文章或者是口头评价。例如，中国台湾中央研究院的 Shiah 教授评论 ISI 公司的产品说[97]："Web of Science 在多学科领域提供准确和详尽的信息，这是其他数据库所不能比拟的。这使研究人员在他们的研究方向上很有信心，同时不用担心错过可能改变研究结果和结论的重要数据。对研究人员来说，这是很重要的。因此，可以说 Web of Science 是一种非常重要的研究工具，它可以帮助我们找到研究工作和论文撰写所需要的相关理念。"因此，信息分析人员可以通过这些用户体验之后的评价进行判断。

③ 根据数据库类型进行判断。目前，领域分析数据集选择数据时主要以两种类型数据库作为主要来源，即文摘索引型数据库和全文数据库。比较这两类数据库的覆盖性，文摘索引型数据库通常覆盖性要好于全文数据库。这主要是由于二者构建的机制和宗旨不同。

文摘索引型数据库一般收录特定时期的综合学科领域或某一学科分支的相同或不同出版类型的文献。由于它属于二次或三次文献库，其中收录的文献就不涉及作者的著作权，数据库制作商不必和著者或文献出版者发生版权关系，依据自己的目的就可采集收录文献，具有很强的连续性。所以，大部分文摘索引型数据库能反映某一段时间内某一领域的理论和方法的进展及技术与手段的应用，体现了学术上发展和继承的特点。而全文数据库则相反，它以为用户提供、利用一次文献为主要宗旨，其数据库商必须和著者或出版单位商谈著作使用权问题，只有双方达成协议签署合同，并履约支付著作权报酬，才能在数据库中使用文献原文。因此，全文数据库必然会出现收录数据全面性不高的问题。特别是一些专业期刊全文数据库，全面性问题更加突出。由于专业期刊全文数据库多是各国家专业协会负责开发的，收录的期刊多为本协会主办的一些期刊，收录的期刊多则十几种，少则只有几种，因此，如果以这些期刊的数据代表某个领域或学科的分析用数据集，全面性必然不高。并且，在收录质量上，由于是依据签约文献的质量而定，有些高质量的文献因出于对版权的考虑，可能拒绝数据库制作商的请求。因此，全文数据库收录进来的期刊可能质量上也存在一定的问题。相对而言，全文数据库很难像文摘索引数据库那样更全面地反映某一领域的学术进展情况。

④ 根据数据库更新周期进行判断。数据库的更新周期即信息检索的时效性，也从一个侧面反映了数据库的覆盖性。因为，对于领域分析数据集而言，一些最新、最快的数据，可以揭示出领域的发展前沿和未来趋势，并且当与某些主题相关度高的数据增长到

一定程度的时候，可能就是某个新兴领域形成的时候。所以，如果数据库中的数据更新周期短，数据库快速增长的数据容量必然会使数据集的覆盖面相应扩大。例如，ISI 的 Current Contents Connect[98]就是一个及时了解当前多学科发展最新动态的网络数据库，它提供了 8 000 多种世界领先的学术期刊和 2 000 多册学术著作中的全部书目信息，更新周期为每天。使用者可以通过 Current Contens Connect 检索经过评估的学术网站，并获得这些经过筛选的来自期刊、书籍和学术网站的重要研究信息。

⑤ 根据数据库的整合功能进行判断。数据库的整合功能是指利用强大的检索技术和基于内容的链接能力，将高质量的信息资源、独特的信息分析工具和专业的信息管理软件整合在一起。数据库的这种功能可以在广度上保证领域分析数据集对新兴领域的主题覆盖；在深度上可以利用数据库的信息评价工具挑选高质量的数据。更为重要的是，可以满足领域分析数据集的多目标性，实现数据在不同时间、不同类型、不同来源间自由转换。因此，对于领域分析数据集而言，选择具有强大整合功能的数据库可以保证数据集的质量。例如，ISI 的 Web of Knowledge[94]将期刊文献、专利、会议录等多种信息资源链接在一起，同时整合了各种评价工具，提供与 Web of Science 的链接，最大限度地保持了知识体系的完整性，提供了领域分析的全方位信息，图 6-1 即为 Web of Knowledge 平台资源整合体系。信息分析人员选用它进行分析时，就可以同时在平台上根据分析目标，在各种数据库产品间交替进行。

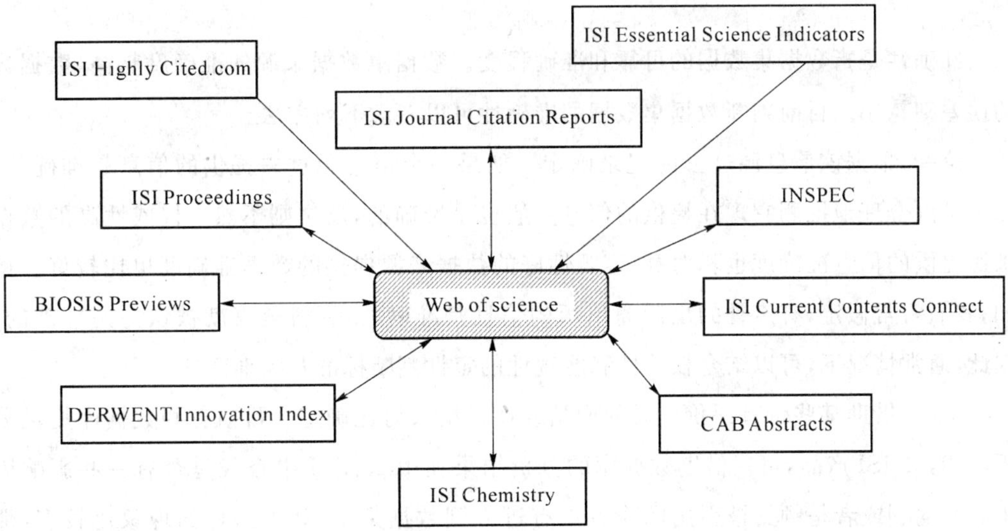

图 6-1　ISI Web of Knowledge 平台资源整合体系

6.1.3 客观性

客观性是指数据集数据表达事实的真实程度，它直接关系到能否真实地反映领域的情况。领域分析数据集数据来源的客观性判断至少应该考虑以下两个问题。

一是区分数据库类型。从数据库类型来判断客观性是比较容易的，专业期刊全文数据库收录带有一定的片面性，这主要是由于其覆盖性不高造成的。相对而言综合数据库的客观性更好。

二是依据数据库内容。从数据库内容本身判断，相对来说比较困难，通常情况下可以依靠信息分析人员对于某领域情况的熟悉程度来判断，包括分析人员对本领域知识的了解程度，他们对本领域科学共同体中著名人物、事件、组织的熟悉程度，以及本领域中存在的与经济利益或政治目的相关的一些活动。此外，还可以依靠曾经使用过的数据库的经验。例如，国内某中文科技期刊数据库，在数据库创建的初期就发布过一些与事实并不完全吻合的信息，它在一段时间内只收录 8 000 余种期刊却仍称其收录期刊 11 000 种[90]。这种情况一般是只有尝试使用过数据库之后，才能对数据库进行判断，而对于初次使用的数据库，判断起来则相对较为困难。

6.1.4 准确性

准确性是指数据集数据的可靠和准确程度。数据集数据来源的准确度越高，数据集的误差则越小。目前判断数据集数据的准确性可以考虑下列方法。

第一，根据该信息源过去的记录确定。如果一个信息源过去提供的信息是准确的，那么可以合理地推测它现在提供的信息一般也是准确的，反之则不然。权威性高的数据来源提供的信息准确度也相对高；客观性好的数据来源提供的数据准确度也比较好。例如，我们常常假定，有声誉的出版商出版的信息是准确的，百科全书就被认为是准确的。因此，通常情况下，可以结合权威性和客观性的定性判断标准判断准确性。

第二，借助某些带有评价性质的网站或评议结果对比确定。目前有些数据库提供分析功能，如 ISI 产品，可以借助数据库的分析结果在 JCR、ESI 中查找是否有一些影响因子高的期刊或者是频繁被引用的作者没有进入到数据集中，如果这样的现象比较多，那么构建的数据集必然不准确。对于一些新兴交叉学科领域，如果数据库中没有提供这样的参照，信息分析人员还可以借助人工法抽查记录文献与检索要求的准确匹配度。

6.1.5 接近性

美国著名的情报学家兰开斯特(F. W. Lancaster)曾指出:"用户对情报源的选择几乎是唯一性地建立在可接近性的基础之上[82]。"接近性指的是用户与提供信息的数据来源的临近性。因为领域分析数据的选择来源直接关系到后续工作能否顺利开展,所以,接近性在领域分析数据集构建过程中体现得尤为突出。这里的接近性包含三层含义。

第一是与数据库的可获得性有关。影响数据库接近性的因素主要是由于大部分数据库并不是免费使用的,是需要购买的,于是由于科研经费、投入等原因,恰好可以满足信息分析人员使用要求的某个数据库,却不能获得,从而就无法开展分析。信息分析人员只能利用可以占有的数据库资源进行分析。这种客观条件造成的数据来源选择问题有些情况下是无法避免的。

第二是信息分析人员与分析领域的专业接近性。如果信息分析人员所学专业与分析对象对口或者是相关,那么他们与分析对象的接近性就非常高,提供信息的可靠性也就相对比较高。如果信息分析人员所学专业与分析对象相关度不高,但是他们已经从事了多年的该领域的分析工作,那么他们与分析对象的接近性也会比较高。

第三是文献引用的接近性。在前文中,曾经论述了基于引用关系的高被引文献可以实现领域的热点分析和前沿分析。但是,在引用行为中,大量存在着接近性的因素,如自引,这里既包括著者自引,也包括机构自引、区域自引以及国家自引等,于是,由于引用动机的接近性可能会导致引用数据评价结果的不准确性。因此,在使用引文途径时应当剔除自引文献的数据。

6.2 数据映射质量控制

数据映射是实现文献数据物理分布状态与逻辑分布状态之间转换的过程,建立这种映射关系是为了在结构化数据库中确立代表物理状态特征的检索点,进而实现数据选取。根据前面两章的分析可以看出,数据映射过程包括两个方面:一方面,结构化数据库直接提供了一些揭示领域物理状态的映射点,进行数据提取,如数据库的各种主题分类法;另一方面,结合界域理论确定的典型数据映射点,这主要是由于无法直接利用结构化数据库进行数据遴选,必须要在数据的逻辑状态与物理状态之间建立一种新的映射关系。因此,数据映射点的不同决定了不同的数据遴选方法。数据遴选方法主要是围绕研究团体、研究资源、主题内容和引用关系展开,在每种入口途径中又根据结构化数据库的不同组织方法存在不同的选取方法。于是,在对同一领域进行数据集构建时,同时可能有几种方法都可以完成数据集的构建,这些不同的映射方式都会影响到形成的数据集的质量。

为了更好地实现数据映射,结合每种组织方法的适用范围以及基于界域理论的典型数据的映射方法,以各种领域分析数据集构建方法为基础形成一套数据映射流程规范,如图 6-2 所示,把分散的各种方法整合成一套领域分析数据集构建体系,为领域分析实践工作提供一定的辅助作用。信息分析人员可以直接利用数据映射流程规范完成不同领域类别分析需求和分析目标的数据集构建。为了保证遴选的数据具有典型性,执行数据映射流程规范过程中,对于数据质量的控制应该做到以下几点。

(1) 从已知领域特征确定优先提取方式

如果信息分析人员事先已知领域的期刊、分类或者是主题,就可以直接选择涵盖领域内容的数据库,选择对应已知领域特征项的字段进行数据遴选。对于某一个领域,特别是学科主体域,信息分析人员可能同时占有几个领域特征,那么需要考虑确定优先选用的提取方式。

确定优先提取方式的原则是,如果确定数据库提供的主题分类与分析对象相吻合,那么就直接选择主题分类进行数据集构建,不选择由信息分析人员自己构建检索式的方式;如果可以采集引文数据的情况下,应当尽量选取引文途径构建数据集,这主要是因为引文途径通过文献之间的引证关系,可以在横向与纵向上拓展领域数据集的外延和内涵,可以保证数据集具有一定的覆盖性;如果信息分析人员需要自己查找某领域的期刊或者机构,可以通过互联网获得,那么就不选择查找工具书的烦琐方式;如果可以直接通过评价工具,客观、准确地确定权威的检索点,信息分析人员就不必再去费尽周折走访、调查。

(2) 从同一提取方式中确定优先组织方法

除了确定领域分析来源数据提取方式时需要考虑优先顺序外,在同一提取方式中也涉及考虑不同组织方法的优先顺序。例如,对于基于主题内容的提取方式,大多数数据库的检索技术都采用自然语言匹配的方式实现检索,只要是检索式中涉及的检索点,数据库的检索结果里都会出现。检索技术在方便用户利用自然语言检索的同时,必然也会使得检索结果不够准确。因此,对于基于主题内容的四种组织方法,在采用不同组织方法时为了使得结果数据集具有一定的查准率,当可以使用主题分类法构建数据集时,就不采用词根检索法;当可以使用热点词语法时,就不采用规范词表法进行,等等。

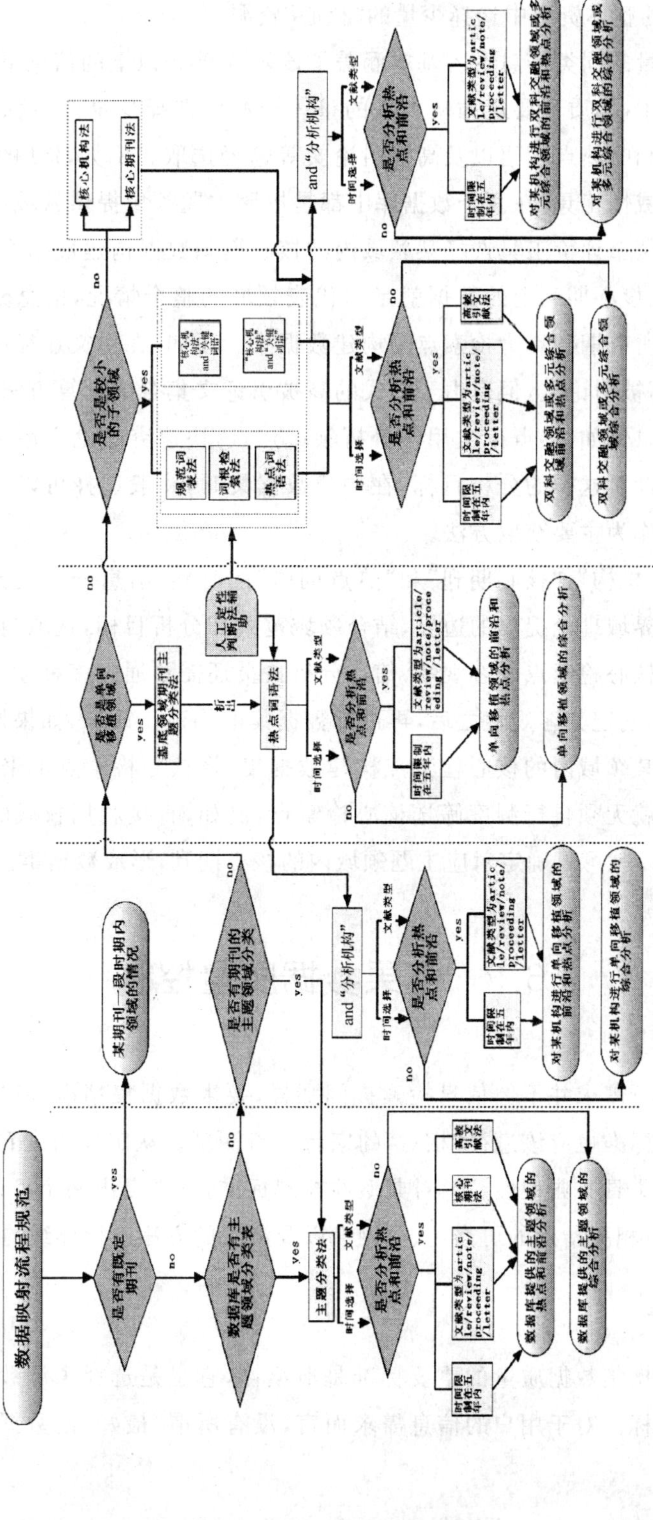

图 6-2 数据映射流程规范

(3) 从大量的整体资源中选择少量的“核心”资源

某领域的少量的同类信息内容基本涵盖了该领域 90%以上的信息量。所以，在领域分析数据集构建中，本质上要遵循从大量的整体资源中选择少量的“核心”资源，如通过核心机构、核心期刊、热点词语以及高被引论文等途径选取。例如，ISI 的 JCR 和 ESI 都是期刊评价的权威性工具，在两个数据库中都是按照主题领域提供领域内的核心期刊列表。如果按照这两个评价工具选择某领域内的核心期刊数据构建数据集，把核心期刊编写成检索式，那么核心期刊上的数据就足以代表领域的整个情况，信息分析人员就无须把主题分类下的所有期刊作为检索点来构建数据集。再如，在引文途径中的高被引文献法中，都是利用高被引论文，但是由于形成的高被引论文集合的计算方法不同，可以实现不同的分析目标。例如，热点论文用于分析领域热点，快速突破论文用于分析领域的前沿，等等。所以，针对这样的分析目标，在构建数据集时，一般选择可以实现分析目标的高被引文献集合作为主要获取方法。

在确定“核心机构”、“核心期刊”和“热点词语”的时候，信息分析人员需要注意以下几点：第一，考虑界域理论提出的边界，结合领域范式和分析目标，选取“核心”的检索点。为了保证确定的核心检索点的客观性，信息分析人员还需要通过多种途径对检索点进行比对、综合、归纳，确定其客观性之后，再进行数据集的构建。第二，如果按照某种评价工具可以直接选择某领域内的核心检索点构建数据集，将核心检索点汇聚形成检索式，那么信息分析人员就无须自行测度筛选核心检索点，例如，直接利用权威的期刊评价工具 ISI 的 JCR 和 ESI 就可以确定对应主题领域内的核心期刊，形成数据集。

6.3　结果数据质量控制

由于领域分析需求并不像信息检索提问那样，要求数据集精准、专指，因此，对于结果数据质量控制标准也应该遵循“相对”的宗旨进行测度。从定性角度看，对结果数据质量的要求是数据集具有典型性。针对典型性控制标准，下文提出两个可以量化该典型性的定量指标，并对相关指标的可靠性、可测性以及测度的方法进行详细的研究。

6.3.1　典型性

判断结果数据集数据质量的重要标准是典型性，它也是选择来源数据，执行映射过程的最终追求目标。对于用户的信息需求而言，没有所谓“最好”的数据来源，而是要找到最具有“典型性”的资源。“典型性”的含义是指使选择的数据在“广度”和“深度”层面上能够代表领域，即以“少量资源实现大量产出”的资源形成领域分析数据集。

在科学技术领域，这种典型性的资源与非典型性的资源差异表现得尤为突出，领域中少量的同类信息源就基本涵盖了领域中大部分的信息量[80]。因此，只要找到代表分析目标的核心资源，而不是一般资源，就足以供情报研究人员揭示领域的状态，而不是为了追求数据集覆盖面而使数据集过大，或者是为了追求数据集准确度而使数据集过小，因为“过大”或“过小”的数据集都可能不具有典型性。并且，“过大”或“过小”的数据集还会给信息分析人员的数据处理工作带来一定的影响。例如，前文中论述过的，欲分析领域的前沿，利用最近两个月内的高被引论文就可以满足分析目标，无须寻找几年内的数据来进行分析，从而避免处理大量无关数据。

判断结果数据质量典型性广度的标准主要是依据领域分析数据集的界域理论，考察构建的数据集在边界上是否符合各领域类型的要求。总体情况下，不考虑领域类型，对于所有领域而言，识别数据集典型性广度的标准是构建的结果数据集在主题上基本涵盖了所描绘领域应该包含的主题。具体而言，首先，对于单向移植领域而言，领域分析数据集中会增加由于植入内容引入而解决的基底领域的新效用，以及基底领域与植入领域机构或人员合作的关联信息，但不会出现新的出版物、新的科学共同体等。其次，对于双科交融领域而言，领域分析数据集一定会增加两方面内容：两个领域有关交融点的新知识；对母体领域某个知识点的移创、改造和加工的结果。另外，还可能会出现少量的有关交融点的新科学共同体、新出版物、新会议以及趋向集中的科学合作。最后，对于多元综合领域而言，领域分析数据集中会出现主体问题和新知识点，同时至少会出现以下内容之一：新期刊、国际性组织、国际性会议以及科学家之间的紧密的科学合作关联等。

判断结果数据质量典型性深度的标准可以依据代表领域的文献数据的影响力。影响力高的数据必然具有典型性，因此，如果结果数据中多为影响力高的数据，那么数据质量也相对较好。结果数据的影响力可以通过确定文献数据的来源期刊、来源作者以及来源机构的影响力实现。

以上考察领域分析数据集典型性的广度和深度的标准主要依靠人工来进行，在定性判断典型性的基础上，下文提出两个相对测度指标，作为结果数据质量的定量衡量标准。

6.3.2 主题相关度

领域分析数据集构建以信息检索理论为基础，因此，借鉴评价信息检索效果的指标——查全率提出“主题相关度”指标。主题相关度是指数据集的主题领域与分析对象主题领域的相关程度,它对应于典型性广度的总体判别标准。

不直接采用信息检索效果评价中的查全率指标,而提出主题相关度指标,主要原因在于:传统意义上的查全率是指检索输出相关文献的数量与文献空间中所有相关文献数量之比[75]。但对于数据库的文献记录而言,无法完全精准确定文献空间中所有与分析目标领域主体相关文献的数量,哪怕大致估算也极为困难,因此,继续使用传统的查全率显然不具有可操作性。此外,对于领域分析数据集的数据而言,质量控制的标准并不是要以数据量的多少进行衡量,这里对“全”要求实际上是数据集应该涵盖的领域的主要内容或相关主题。例如,纳米领域与物理、化学、生物学、材料科学、信息技术、医学、工程技术、环境科学等都有广泛的交叉,如果构建的数据集已经涵盖了这些领域,那么这样的数据集就是高质量的。

主题相关度测度的总体思路是:确定已经形成的数据集的子领域,将这些子领域与一个相对全面的数据集的子领域进行比对。

主题相关度的具体测度过程如下所示。

首先,确定数据集已经包含的子领域。主导思想是对数据集进行主题分解,分解主题领域的方式主要有两种方法。第一种是采用聚类的方式进行,利用软件将集合中的文摘进行词语拆分,清洗词语,将拆分后的词语建立成共现矩阵;选择关键词矩阵中共现频次超过一定阈值的词语对,形成词语对矩阵,利用 spss 软件采用泊松函数或余弦函数对矩阵进行归一化处理;再利用 spss 的聚类功能进行主题领域的聚类,即可得到数据集涵盖的主题领域。第二种是采用归类的方式进行,主要是利用 ISI Web of Science 数据库提供的分析功能,分析的项目包括作者分析、文献类型分析、作者机构分析、语种分析、年代分析、出版物分析以及主题分析。这里选择主题字段即可得到涵盖的主题领域。

其次,确定数据集中应该包含的子领域。主导思想是借助期刊引用网络进行确定。利用期刊载文量法筛选出排在前面的几种期刊作为统计源,形成二次“种子期刊集合”。假定被“种子期刊集合”所引用的期刊以及引用“种子期刊集合”的期刊都为核心期刊,这样通过二次种子集合就可以获得更多的核心期刊,从而扩大了原始种子期刊的期刊数量。再通过可视化的结果确定领域的核心期刊,以新的期刊集合作为检索点在数据库中进行二次遴选,形成新的数据集。然后将形成的新的集合采用第一步中的主题分解法确定领域,这样就找到数据集中应该包含的子领域。之所以采用这种方法来寻找领域应该包含的子领域主要是因为:通常在引用期刊表中除了本专业期刊以外,还有许多与该专业有关的其他期刊,利用文献之间的引证关系,即可获得更多的相关期刊,从而发现与分析相关的主题。所以，以数据集中的期刊作为“种子期刊”形成期刊引文网络，可以确定这个领域具体应该涉及哪些主题领域。

最后，比对主题相关度。将两次构建的数据集进行比对，如果第二步中形成的数据集涉及的子领域都出现在第一步形成的数据集中，那么数据集的主题相关度则符合要求，否则，需要进行相应的调整。

利用这种方法计算主题相关度的优势在于：第一，代表文献的最基本单位为主题，因此，分解主题后再采用聚类或归类的方式进行主题汇聚，必然能确定数据集的主题领域；第二，利用文献之间的引证关系可以实现追根溯源，把与领域发生关系的数据都包含进来；第三，利用 spss 软件的聚类功能和数据库提供的分析工具，简便易行，可操作性强；第四，以“相对”定量评价标准代替了“绝对”指标，正好体现了领域分析需求的特性。

虽然，主题相关度在描述数据集的典型性以及主题覆盖性方面存在一定的优势，但是也存在一些不足之处。第一，测度过程中多次需要确定阈值，因此，在测度过程中必然掺杂一定的人工影响因素。因为阈值的确定是一项经验性工作，这使得测度过程需要摸索着进行，很难一次性完成。第二，采用 spss 进行主题聚类，聚类出来的主题可能难以对应，最好采用数据库提供的分析工具进行。因为数据库中的领域是既定的，不仅数据库可以自动完成归类，而且，归类的结果还能保证数据集中包含的子领域与应该包含的子领域的类目完全对应。第三，采用数据库分析工具进行归类，虽然主题类目能完全对应，但是数据库的主题类目设置过于宽泛，有些子领域的主题不一定能揭示出来。

6.3.3　机构影响度

机构影响度是指数据集中研究机构在领域内的影响程度，它对应领域分析典型性深度的判别标准。

选取机构提取方式作为领域分析数据集的数据遴选途径的原因，在 4.2.3 节中曾经论述过，所以，这里依然沿用机构，表达整体含义。机构影响度的测度不涉及数据集中领域作者的发文量、作者被引量等指标，而是将一个研究机构的可量化的影响程度同一个该领域内普遍适用的参照值联系起来，如载文、被摘引、被利用等都可以作为参照依据，将机构影响度的测度与期刊领域归属联系起来，以一个时间内机构在期刊上发表的文献和被引文献作为基本指标进行测度。如果数据集中各机构的影响度符合既定标准，那么就认为结果数据集具有一定的影响力。

测度机构影响度的指标及其具体含义[73,53,67,7,59]如表 6-1 所示。

表 6-1　机构影响度测度指标

指标	含义
P	一个时期内机构在期刊上发表的所有文献
C	一个时期内机构在期刊上发表的所有文献的被引频次
Ci	一个时期内机构在期刊上发表的所有文献无自引的被引频次
Cpp	一个时期内机构每篇文献平均被引用率
Cppi	一个时期内机构每篇文献无自引的篇均被引用率
Jcsm	机构期刊集合的平均被引用率
Fcsm	机构期刊所属领域的平均被引用率
Cppi/Jcsm	机构期刊集合的水平
Cppi/Fcsm	机构所属领域集合的水平

在上述指标中，与测度机构影响度的指标有关的是 Cppi/Fcsm，用来说明机构在领域内的水平，可以观察到研究机构的绩效与该领域国际上标准的影响之间的关系。通常情况下，判定这些指标数值的评价范围是：指数＜0.5，表示远远低于标准；指数在 0.5～0.8 之间，表示偏低；指数在 0.8～1.2 之间表示处在标准水平；指数处于 1.2～2.0 之间表示比标准偏高；指数＞2.0 则表示影响程度远远高于国际标准。如表 6-2 所示。

表 6-2　Cppi/Fcsm 数值含义

数值	含义
＜0.5	远远低于标准
0.5～0.8	偏低于标准
0.8～1.2	处在标准水平
1.2～2.0	比标准偏高
＞2.0	远远高于国际标准

使用机构影响度方法的优势在于：第一，将机构影响度的测度转换为期刊主题领域，利用期刊集合主题领域的被引量来衡量机构在世界上的水平；第二，排除了自引因素，使得用于计算的引用数据相对客观，避免了引用动机不纯正的问题；第三，采用平均测度方法消除了由于引文周期带来的引用数据滞后的因素。

虽然机构影响度的测量方法体现了上述优势，但是也存在一定的不足，主要表现为某些领域的交叉综合可能会导致期刊领域的归属出现重复现象。

6.4 小　　结

数据集的数据质量直接作用于领域分析的效果，本章按照数据集构建的过程，即数据来源、数据映射和结果数据集三个环节分别研究了质量控制的要点。特别是，对于结果数据质量的典型性还从定量的角度提出了具体的测度方法，目的就是要保证构建的领域分析数据集具有核心性，从而做到“少量资源实现较大产出”。

第7章 领域分析数据集构建实证分析

第2章论述了领域分析数据集的基本概念和相关理论;第3章构建了领域分析数据集界域理论,界定了数据集的边界和疆域,从领域内容、分析需求和分析目标三个方面解决了领域分析数据集分析对象的问题;第4章归纳了代表领域的文献数据在来源数据中的组织状态,解决了构建过程中的数据选取问题;第5章基于界域理论的典型数据映射方法是结合领域演化、分析需求和分析目标界定的领域边界,在现有领域分析来源数据组织状态的基础上,研究遴选典型数据的方法,解决了典型数据的选取方法问题;第6章对数据集构建过程的数据质量控制问题分别从定性和定量角度进行了论述,解决了数据集构建效果的核心性问题。本章将在上述研究基础之上,整合前面几章研究内容所解决的数据集构建流程中的问题,按照领域分析数据集构建的流程进行实证分析,通过实证模拟验证上面提出的部分理论内容。

领域分析数据集构建的工作流程如图7-1所示。

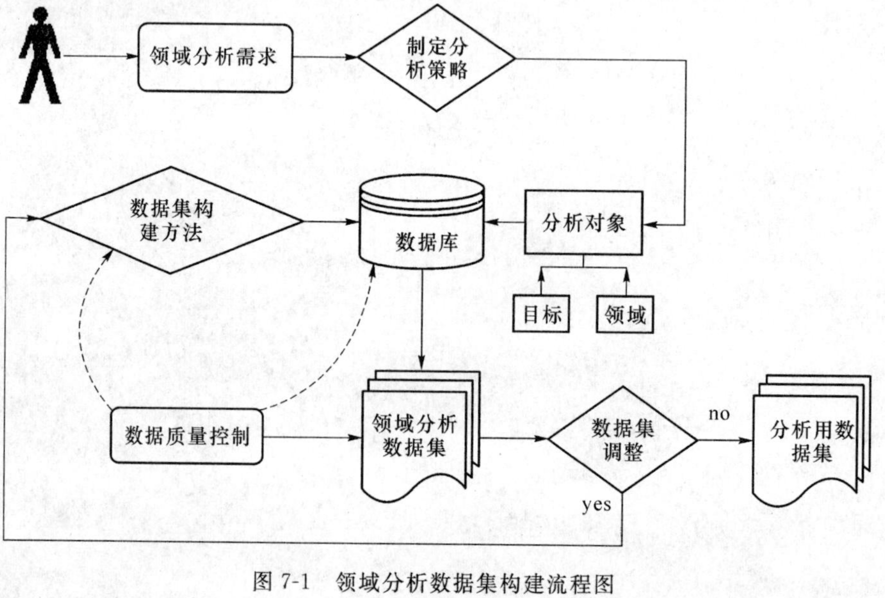

图7-1 领域分析数据集构建流程图

下面将按照流程图中的工作过程，选取“生物柴油”领域作为分析对象，构建领域分析数据集。本章中数据集构建的实证研究以基于界域理论的典型数据映射方法和数据质量控制为主进行实证。

7.1　实证对象背景

“生物柴油”是生物质能的一个分支领域，它是清洁的可再生能源，它以大豆和油菜籽等油料作物、油棕和黄连木等油料林木果实、工程微藻等油料水生植物以及动物油脂、废餐饮油等作为原料制成液体燃料，是优质的石油、柴油代用品。目前为了应对能源短缺、环境污染等问题，世界各国都提出了“生物柴油”研究计划，其中美国、欧洲各国、巴西等尤为重视。生物柴油主要是用化学法生产，即用动物和植物油脂与甲醇或乙醇等低碳醇在酸性或者碱性催化剂和高温(230℃～250℃)下进行转酯化反应，生成相应的脂肪酸甲酯或乙酯，再经洗涤干燥即得生物柴油[56]。

选取以“生物柴油”为例进行实证分析，主要基于以下两点考虑。

- 从领域范式类型看，生物柴油领域具有一定的代表性。在前面的研究中，很容易发现，单学科范畴的领域范式数据集构建方法相对清晰。而对于边界模糊的交叉学科领域范式数据集构建方法存在一定的困难。于是，本书的验证主要针对交叉学科范畴的领域范式。根据生物柴油领域的文字描述，“生物柴油”领域是围绕着柴油这一能源综合性问题，主要涉及的领域包括农业、化学、生物、物理、能源、环境等多学科领域，其领域范式类别可以归属为多元综合领域，以它为例可以完成基于界域理论的典型数据映射方法的验证。
- 从典型数据映射方法看，生物柴油领域也具有一定的典型性。多元综合领域典型数据映射方法采用汇聚融合要素的思想，需要构建方法“自下而上”，这种方法相对于单向移植领域的基底领域“自上而下”的析出方法要复杂。单向移植领域“自上而下”的析出方法可以直接利用数据库的主题分类，确定对应的主题分类，析出数据即可，所以，这种“自上而下”的方法操作起来相对容易。此外，在多元综合领域汇聚融合点的时候，还必须要考虑领域层次的问题。领域层次是一个相对的概念，它主要针对领域的大小而言。对于相对较大的领域，融合点可以直接选择核心机构法或核心期刊法。而对于相对较小的领域，在保证数据集覆盖度的前提下，数据集还不能过于宽泛，否则就会无形中增加情报研究人员处理冗余数据的负担。所以,对于相对较小的多元综合领域需要考虑的因素会很多。生物柴油领域正是一个相对较小的子领域,它属于生物质能的一个分支领域,生物质能又属于新能源范畴。因此,以它为例可以完成基于多元综合领域的融合要素汇聚方法中,有关小领域汇聚思想的验证。

综合上述考虑,确定以交叉学科范畴领域范式中的多元综合领域——生物柴油作为本次实证分析的对象。

7.2 构建策略分析

结合现有资料对于生物柴油领域的文字描述,按照图 7-1 的构建流程,进行构建策略分析。实证分析的需求来自"中国科学院生命科学与生物技术局",分析目标是"从技术角度调研生物柴油的发展现状",课题目的是为建立生物技术基地规划提供依据。

7.2.1 分析对象

按照领域分析数据集构建流程图的步骤,在选取数据库之前必须先从分析目标和分析内容两个方面综合考虑,它们决定数据来源和数据遴选方法的选择。为了更好地理解分析需求,先简单地将课题需求进行分解,其中主要包括三个关键语义要素,即生物柴油、发展现状、技术角度。将每一个语义要素与界域理论联系起来,依据界域理论中规定的数据要求确定数据来源和数据遴选方法。

"生物柴油"是分析对象,此类分析对象是由于该领域日渐凸显但还没有被准确的固定而存在的。从领域范式演化来看,属于多元综合领域,主要涉及的领域是农业、化学、生物、物理、能源、环境等。因此,数据库的选择应该以综合性数据库为主,单纯的收录化学领域、农业领域、生物领域、能源领域等的专业数据库外延不够宽泛。

"发展现状"是分析目标,对应领域分析需求层面层中观层面需求,是要综合考察生物柴油领域的整体情况。按照基于界域理论的典型数据映射方法中的基于领域分析目标的典型数据映射方法,需要考虑时间跨度和文献类型等因素。在时间跨度上,要求现状分析的时间周期最好以五年到十年为周期,但是考虑到生物柴油属于新兴领域,发展时间不长,因此,文献回溯的时间限定在数据库收录的最近期限到近五年为止。在文献类型上,数据集中的文献类型应该以 article、review、note 为主;同时,课题目的是为生物技术基地规划提供依据,所以,目标中还应该包含热点和前沿的分析,那么 proceeding、 letter 文献类型也应该包含进来。

“技术角度”要求完整的生物柴油领域分析应该从科学文献和技术专利两个方面开展定量分析。由于本书集中研究科技文献的数据集构建，因此有关专利信息采集就不作为研究内容。按照技术角度的要求，数据集中的文献应该以生物柴油领域包含的具体事物的生产工艺、技术方法和标准等为主。此外，技术角度还对选取的数据库内容提出了要求，数据库内容应该以收录理工类文献的数据库为主。

7.2.2　数据来源

明确分析对象后，按照分析对象提出的要求来确定数据来源。结合数据库覆盖的学科领域、收录文献量、时间跨度、文献类型等以及前文中的数据来源质量控制标准，选择以 ISI 公司的 Web of Science（WOS）为主要数据来源。选择 WOS 的原因是：第一，参照解析的分析需求，WOS 收录理工类文献，并且其收录的化学、生物、农业、物理领域等文献数据在各类综合数据库中也享有一定的优势，正如在 6.1 节中讨论的数据来源定性评价时，列举了一些有关 WOS 的实例，这些实例反映出 WOS 在权威性、覆盖性、客观性、准确性几个方面可以保证数据集的质量；第二，从前期文献资料调研来看，当前有关生物柴油的研究国外占据主导地位，而 WOS 收录的外国文献在所有数据库中最具有优势；第三，WOS 数据库提供来源数据的参考文献，利用引文便于对数据集构建效果进行评价；第四，WOS 提供的数据下载、在线分析工具、相关评价工具、跨库检索等强大的整合功能，便于详细研究数据集；第五，按照数据来源定性评价的接近性原则，在中国科学院文献情报中心范围内可以使用。

7.2.3　选取方法

结合第 4 章领域分析来源数据组织状态和第 5 章基于界域理论的典型数据的映射方法，在第 6 章数据映射质量控制过程中，构建了数据映射流程规范。为了进一步验证数据映射流程规范，下面按照流程规范中的数据集数据遴选过程，研究实证领域的选取方法。

按照数据映射流程规范图，首先考虑既定期刊途径方面。此课题分析目标不是用于考察某个期刊的领域分布情况，或者是依托某期刊来评价生物柴油领域，因此，从一个既定期刊入手的方法不适合使用，不需要以既定期刊为入口选择数据。

既然不考虑既定期刊途径，依据数据映射流程规范图，应该从既定领域入手遴选数据。第一，考虑数据库提供的主题分类。生物柴油领域是典型的新兴交叉学科领域，并且是一个相对较小的领域,因此,在数据库提供的主题分类表中难以找到一种主题分类或上位类与之对应。第二,考虑期刊的主题分类。生物柴油可能涉及的领域会包括化学、生物、农业、物理、能源等,所以,也无法固定一个明确的期刊分类,相关内容可能散落在所涉及领域的各种期刊上,如化学、生物、农业、物理等领域的专业期刊或者是 *Nature*、*Science* 这类综合性期刊上。第三,考虑领域的类型。按照实证对象中分析的领域特点,此领域属于多元综合领域,不属于单向移植领域,因此,直接选取流程图中多元综合领域的小领域数据遴选方法。

按照基于多元综合领域融合要素的汇聚方法,对于小领域,可以采用热点词语法或者是核心机构法和核心期刊法与词语的组合的方式作为映射点,再以映射点作为结构化数据库的检索点确定文献数据域,实现数据选取。按照多元综合领域数据集边界要求,在结果数据集中,应该出现有关交融点的新科学共同体或新出版物等,所以,为了验证数据集边界的假设,这里采用热点词语法来考察数据集中是否包含有新出版物或新机构。

综上所述,生物柴油领域采用热点词语法实现融合要素的汇聚,因此,问题集中于选择代表生物柴油领域的词语。按照现有来源数据组织方法,词语选择主要包括以下几个途径:第一,词语选择主要以热点词语法为原理,挑选领域中的常用词语和使用频率较高的词语。第二,词根检索法是自然检索法的一种延伸,它利用通配符把词语的单复数等各种形式都包含进来。所以,本次实证分析采用热点词语法与词根检索法组合的形式选取数据。第三,词语的挑选依据前面介绍的热点词语法中的分析领域词语分面要素图,即考虑领域中包含的具体事物,以及事物的各个属性,如工艺、方法、性质、状态、过程等几个要素。第四,借鉴前期文献调研中找到的一篇有关生物柴油的综述性论文,参考论文中的有关生物柴油领域论述,为词语选择提供一定的间接依据。按照这些原则,结合生物柴油领域的文字描述,生物柴油相关表达形式如 biofuel、biomass、alternative fuel、renewable fuel、green fuel 等;生物柴油的原料 rice brain、rapeseed、soybean、sunflower palm 等;生物柴油的化学法生产工艺 methanolysis、alcoholysis、immobilized enzyme 等,对这些词语进行逻辑或运算,再与柴油 diesel 进行逻辑与运算。

具体的检索式如下:

ts=((biofuel or biomass or(alternative fuel)or(renewable fuel)or(green fuel)or(vegetable * oil)or(plant oil)or oilseed * or rapeseed or soybean or sunflower or palm or canola or castor or(rice brain)or oliver or microalgage or(karanja oil)or (brassica napus)or(animal fat *)or(fat * acid)or grease or tallow or(beef tallow)or lard or lipase * or(candida antarctica)or lipozyme or(immobilized enzyme)or(rhizopus oryzae)or (whole cell biocatalyst) or (activated bleaching earth) or methanolysis or alcoholysis or transesterification or interesterification or esterfication) and diesel) or ts=biodiesel

检索时间为 2001—2006 年，文献类型 article、review、note、proceeding、letter，共得到检索结果 1340 条(数据截止时间为 2006 年 12 月)。

7.3　结果数据质量分析

在上面的构建策略分析中，已经按照数据来源和数据映射的质量控制要素综合制定了构建策略，所以下面仅按照结果数据质量控制要点分别从定性和定量角度分析结果数据质量。

7.3.1　结果定性分析

按照界域理论对于数据集的边界要求，首先定性判断结果数据。对于形成的数据集，结果数据集中主题领域以化学和农业的交融点的主题居多，出现了因农业原料、生物技术、化学方法等知识点交叉融合而解决的能源问题、环境问题等效用内容。同时，结果数据集中还出现了生物质能方面的专业期刊 *BIOMASS & BIOENERGY*，且文献总数较多，年度增长数量较大。经过粗略判断说明，基于多元综合领域的融合要素的汇聚方法是可行的，同时领域分析数据集构建的界域理论也具有一定的合理性。但是典型性的程度还需要借助定量测度方法来判断。

7.3.2　主题相关度

按照 6.3.2 节介绍的主题相关度的原理和公式，来确定数据集的领域覆盖度。由于测度主题相关度会涉及两个数据集集合，因此，下文中将把被测度的数据集合称为初始数据集，把用于参照的集合称为参照数据集。

(1) 确定数据集中已经包含的主题子领域

主题子领域的确定有两种方法，即归类和聚类。这里选择归类方式进行实证，主要是由于采用了 WOS 提供的数据，数据库对检索结果提供以文献量为计量单位的主题字段分析。在 WOS 的检索结果界面，单击 analyse，进入分析界面之后，选择字段“subject category”，“analyse”文献量选择“all”，同时在“minimum record count”窗口规定显示前 50 条分析结果，统计的最低限度为 0。统计的主题领域在数据集中所占比例超过 1%的列表见附录I。

(2) 确定数据集中应该包含的主题子领域

统计初始集合中各期刊的载文量，具体列表见附录Ⅱ，其中居前三名的期刊是 *Jouranl of the American Oil Chemists Society*、*Fuel*、*Energy Fuels*（以下简称"种子期刊"）。接下来采用荷兰阿姆斯特丹大学 Loet Leydesdorff 提供的对应期刊的引用或被引数据。在其提供的期刊引用或被引用数据网页上[46]，单击上面三种期刊的刊名，即可得到与三种期刊引用/被引网络有关的期刊以及由这些期刊所形成的引用/被引矩阵，将这一页面保存为文本格式（详见附录Ⅲ）。然后下载 pajek 可视化软件[37]，将引用和被引用数据导入到 pajek 软件中。利用软件生成可视化图。将被种子期刊引用的期刊形成的网络称为引用网络；而由引用种子期刊的期刊形成的网络称为被引网络。

下面展示的是利用 pajek 软件把与 *Jouranl of the American Oil Chemists Society* 期刊发生引用关系和被引用关系的期刊（如图 7-2、图 7-3 所示）的可视化结果，其中被引用网络表明领域内的期刊关系，引用网络可以揭示出相关领域的期刊。图中连线表明期刊之间的相似性，椭圆表示期刊自引的情况，椭圆越扁表明自引越多[28,46,25]。*Fuel* 和 *Energy Fuels* 的被引网络图和引用网络图参见附录Ⅳ。根据这个可视化结果，分别去除掉孤立的点和自引律较高、影响较弱的点，将各图中留下的期刊取并集，作为核心期刊。具体的核心期刊列表见附录Ⅴ，其中经过与初始数据集期刊列表对比发现，只有 9 种期刊重合，说明初始数据集中确定的期刊不够准确。

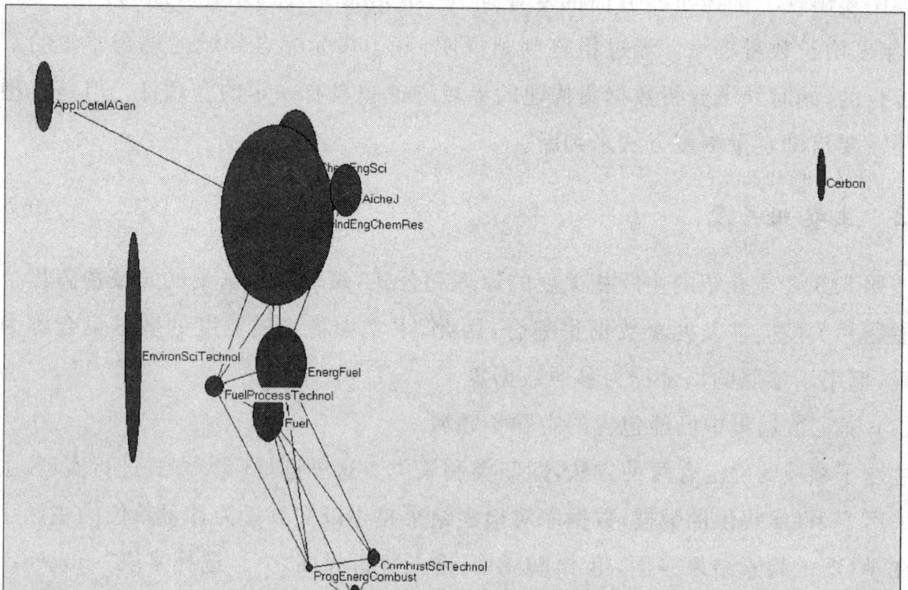

图 7-2　Jounal of the American Oil Chemists Society 被引网络图

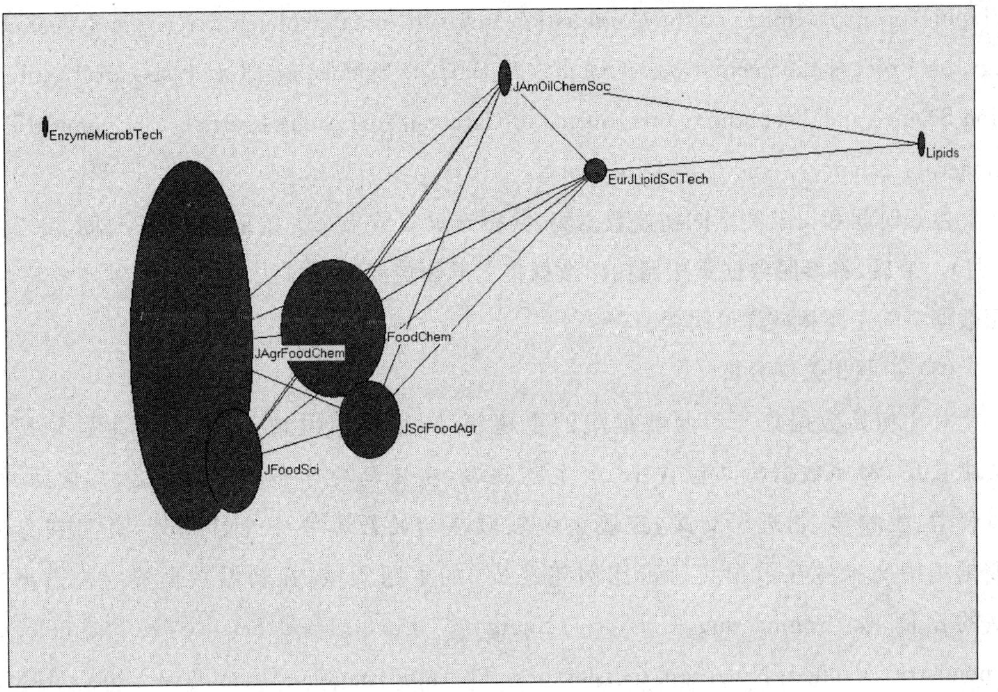

图 7-3 Jounal of the American Oil Chemists Society 引用网络图

确定与主题领域相关的核心期刊后，将这些核心期刊作为检索点，在 SCI 中进行数据遴选。具体的检索式如下：

So=((Analytical Chemistry)or(Applied Catalysis A-General)or(Applied Catalysis B-Environmental)or Carbon or(Catalysis Today)or(Combustion and Flame)or(Energy Conversion and Management) or (Energy& Fuels) or (European Food Research and Technology) or (European Journal of Lipid Science and Technology) or (Fluid Phase Equilibria)or(Food Chemistry)or(Food Research International)or Fuel or (Fuel Processing Technology)or(Grasas Y Aceites)or(Industrial & Engineering Chemistry Research)or(International Journal of Coal Geology)or(Journal of Agricultural and Food Chemistry)or(Journal of the American Oil Chemists Society)or(Journal of Analytical and Applied Pyrolysis)or(Journal of Chromatography A)or(Journal of Colloid and Interface Science)or(Journal of Dispersion Science and Technology)or(Journal of Food Engineering)or(Journal of Food Lipids)or(Journal of Food Science)or(Journal of Physical Chemistry B)or(Journal of The Science of Food and Agriculture)or(Langmuir) or

(Lipids)or(Proceedings of the Combustion Institute)or(Petroleum Science and Technology)or(Process Biochemistry)or(Studies In Surface Science and Catalysis) or(Combustion Science and Technology)or(Journal of Catalysis)or(Aiche Journal)or(Chemical Engineering Science)) and Ts=Biodiesel

检索时间和文献类型同初始数据集,共得到检索结果 258 条记录(截止时间 2007 年 1 月)。最后,将参照数据集按照初始数据集主题领域测度的方法,进行主题领域分解,参照数据集的主题领域详见附录Ⅵ。

(3) 主题相关度分析

对比初始数据集与参照数据集的主题领域,很容易发现,不考虑各主题领域的文献数量,参照数据集共包含 18 个主题领域,主要与化学的子领域、能源、食品、环境科学、生物学、物理学交叉,这些主题领域在初始数据集中全部出现,并且在参照数据集中文献量在数据集所占比例超过 2%的主题领域,在初始数据集中也占据较高的比例,如 Engineering, Chemical; Energy & Fuels; Food Science & Technology; Chemistry, Applied; Nutrition & Dietetics; Thermodynamics; Chemistry, Physical; Mechanics; Physics, Nuclear; Environmental Sciences; Biochemistry & Molecular; Biology; Biotechnology & Applied Microbiology。这一比较结果充分说明了,初始数据集中的主题子领域覆盖度已经足以揭示领域内的主题以及领域的相关主题。但是,在初始数据集中包含的主题领域数量过多,其中超过一半以上的主题领域在参照数据集中没有出现,这说明,初始数据集存在不相关的冗余数据,数据集的典型性不高,还需要进一步调整。

7.3.3 机构影响度

按照 6.3.3 节机构影响度的计算方法,首先采集测度中涉及的一些中间指标,然后通过计算中间指标得到结果指标。具体步骤如下所示。

(1) 数据集中包含机构及机构 P、Ci

在 WOS 的检索结果界面,单击 analyse,进入分析界面之后,选择字段“institution name”,“analyse”文献量选择“all”,同时在“show top records”窗口规定显示前 50 条分析结果,这里只测度文献量居前 50 名的机构影响度,并统计各机构 P。利用 WOS 的 citation reports 统计出各机构的 Ci。

(2) 机构期刊集合及期刊 Ci

在机构分析结果的基础上,选择"source title"字段,"analyse"文献量选择"all",同时在"minimum record count"统计的最低限度为 0,分析机构所有期刊,并统计期刊相应的 Ci。统计结果详见附录Ⅶ,附录Ⅶ为其中一个机构的期刊集合相关指标。

(3) 机构期刊所属领域集合及领域 Ci

在机构分析结果的基础上,选择"subject category"字段,"analyse"文献量选择"all",同时在"minimum record count"统计的最低限度为 0,分析机构期刊所属主题领域,并统计期刊相应的 Ci。统计结果详见附录Ⅷ,附录Ⅷ为其中一个机构期刊所属领域集合相关指标。

(4) 机构影响度

计算(1)～(3)中的指标,得到 cppi、jcsm、fcsm、cppi/jcsm、cppi/fcsm,计算结果如表 7-1 所示。

按照 6.3.3 节指标数值的规定,机构影响度的测度指标为 cppi/fcsm,它表示机构在领域内的水平。其中 cppi/fcsm 指标超过 0.8 的机构为 27 个,占机构总数量的 54%,其中包含超过标准水平的机构 10 个,还有近一半的机构没有达到标准水平。所以,总体来看,初始数据集的机构影响度水平不高,说明数据集的影响力不大,有待进一步调整。

表 7-1 初始数据集中文献量居前 50 名的机构影响度

机构	p	ci	cppi	jcsm	fcsm	cppi/jcsm	cppi/fcsm
Indian Inst Technol	32	114	3.56	5.71	4.68	0.62	0.76
Usda Ars	32	40	1.25	2.3	4.16	0.54	0.30
Tsing Hua Univ	24	39	1.63	2.38	1.34	0.68	1.22
Natl Tech Univ Athens	17	44	2.59	3.31	3.34	0.78	0.78
Univ Missouri	17	48	2.82	0.34	6.67	0.54	0.42
Iowa State Univ	16	119	7.44	7.90	5.54	0.94	1.34
Kyoto Univ	16	116	7.25	0.09	5.34	0.97	1.40
Chinese Acad Sci	13	34	2.62	3.00	2.77	0.87	0.95
Penn State Univ	13	22	1.69	2.10	1.68	0.80	1.01
Univ Idaho	13	32	2.46	3.75	5.44	0.66	0.45
Usda	13	35	2.69	3.22	3.23	0.84	0.83
Univ Jaen	12	59	4.92	8.81	6.68	0.56	0.74

续表

机构	p	ci	cppi	jcsm	fcsm	cppi/jcsm	cppi/fcsm
Kobe Univ	11	107	9.73	11.37	11.04	0.86	0.88
Lithuanian Univ Agr	11	9	0.82	1.50	1.60	0.55	0.51
Univ Illinois	11	117	10.64	11.54	10.04	0.92	1.06
Ars	10	63	6.30	5.33	5.05	1.18	1.25
Inst Mexicano Petr	10	28	2.80	3.44	2.12	0.81	1.32
Univ Saskatchewan	10	50	5.00	3.78	5.34	1.32	0.94
Natl Taiwan Ocean Univ	9	15	1.67	3.33	2.20	0.50	0.76
Selcuk Univ	9	7	0.78	1.00	0.97	0.78	0.80
Univ Malaya	9	24	2.67	3.25	2.32	0.82	1.15
Karl Franzens Univ Graz	8	43	5.38	6.45	8.54	0.83	0.63
Univ Fed Rio De Janeiro	8	7	0.88	0.88	0.55	1.00	1.60
Univ Georgia	8	53	6.63	7.42	9.24	0.89	0.72
Univ Wisconsin	8	52	6.50	6.90	6.03	0.94	1.08
Ecole Mines Nantes	7	0	0.00	0.33	0.42	0.00	0.00
Henan Univ Technol	7	5	0.71	1.00	0.71	0.71	1.00
Univ Birmingham	7	8	1.14	3.38	3.90	0.34	0.29
Univ Brasilia	7	18	2.57	3.60	4.40	0.71	0.58
Univ Castilla La Mancha	7	6	0.86	2.13	2.36	0.40	0.36
Univ Sains Malaysia	7	22	3.14	5.38	4.13	0.58	0.76
Univ Toronto	7	50	7.14	10.94	10.94	0.65	0.65
Anna Univ	6	6	1.00	1.20	1.39	0.83	0.72
Cnr	6	20	3.33	3.40	3.46	0.98	0.96
Gazi Univ	6	21	3.50	2.67	4.65	1.31	0.75
George Mason Univ	6	1	0.17	0.44	0.63	0.39	0.27
Lawrence Livermore Natl Lab	6	23	3.83	3.90	3.48	0.98	1.10
Natl Taiwan Univ	6	16	2.67	2.40	2.58	1.11	1.03
Univ Calif Berkeley	6	44	7.33	5.50	4.55	1.33	1.63
Univ Complutense	6	18	3.00	5.20	7.10	0.58	0.42
Univ Cordoba	6	45	7.50	10.83	8.68	0.69	0.86
Univ Jena	6	1	0.17	0.17	0.09	1.00	1.89
Univ Nebraska	6	30	5.00	5.17	5.58	0.97	0.90

续 表

机构	p	ci	cppi	jcsm	fcsm	cppi/jcsm	cppi/fcsm
Univ Ottawa	6	45	7.50	5.50	7.58	1.36	0.99
Univ Pardubice	6	15	2.50	1.50	2.00	1.67	1.25
Univ Washington	6	132	22.00	13.42	6.71	1.64	3.28
Ball State Univ	5	26	5.20	7.89	9.05	0.66	0.57
Colorado Sch Mines	5	33	6.60	7.00	9.07	0.94	0.73
Inst Francais Petr	5	16	3.20	3.20	5.21	1.00	0.61
Iowa State Univ Sci&Technol	5	57	11.40	11.60	14.05	0.98	0.81

7.4　数据集扩展与评价

通过计算主题相关度和机构影响度，可以发现，初始数据集采用基于主题内容的提取方式，选择基于多元综合领域的融合要素汇聚的映射方法，经过人工挑选出代表领域词语主题分面的热点词语进行数据集构建。据此方法构建的数据集在主题相关度方面满足了一定的领域主题覆盖面，但是由于数据集过大导致典型性不足；在机构影响度方面，数据集中一半左右的机构达到标准水平，个别机构的领域影响度还超过了国际标准，但是还是有一半的机构没有满足标准。产生此种结果的原因在于一词多义会把一些不相关记录也选择进来。因此，领域分析数据集需要进一步调整，通过一个循环调整的过程，将更多的相关文献和密切相关文献找到，形成最优领域分析数据集。

调整数据集的方法有很多，目前常用的主要是通过设立一些文献计量学的指标以及数据挖掘的方法选择核心期刊、核心作者以及热点词语。由于本书不以研究调整数据集的方法为主，因此，这里只选用一种方法来验证数据集构建效果。

以热点词语法构建的初始数据集为基础，通过确定核心期刊来调整数据集。选取核心期刊的方法是利用引文的思想进行[48]。具体操作过程是：根据初始数据集中的期刊载文量排名，筛选出排名居前三名的期刊，即 *Jouranl of the American Oil Chemists Society*、*Fuel*、*Energy Fuels*（以下简称“种子期刊”），然后下载种子期刊的引文，统计这些引文发表的期刊，选出载文量大于 10 以上的期刊。取这些期刊的并集，再与 biodiesel 进行逻辑与运算。具体的检索式如下，检索时间和文献类型同上，共得到检索结果 383 条（截止时间为 2007 年 1 月）。

So=((Journal of the American Oil Chemists Society) or Fuel or(Energy Fuels) or (Bioresource Technology) or(Transactions of the Asae) or(Biomass & Bioenergy) or(Industrial & Engineering Chemistry Research) or(Fuel Processing Technology) or(Progress in Energy and Combustion Science) or(European Journal of Lipid Science and Technology) or(Environmental Science & Technology) or(Renewable Energy) or(Energy Conversion and Management) or(Applied Catalysis A-General) or(Catalysis Today) or (Journal of Bioscience and Bioengineering) or(Industrial Crops and Products) or(Renewable & Sustainable Energy Reviews) or(Journal of Chromatography A) or(Journal of Analytical and Applied Pyrolysis) or(Applied Biochemistry and Biotechnology) or(Combustion and Flame) or(International Journal of Hydrogen Energy) or(Atmospheric Environment Journal of Catalysis) or(Journal of Liquid Chromatography & Related Technologies) or(Journal of the American Leather Chemists Association) or(Journal of Dispersion Science and Technology) or(Journal of Molecular Catalysis B-Enzymatic) or Biochemistry or(Atmospheric Environment) or(Process Biochemistry)) and Ts=Biodiesel

按照 7.3 节中主题相关度和机构影响度的计算方法,对扩展的集合进行测度。

在主题相关度上,表 7-2 为扩展数据集中已经包含的主题领域。383 条记录共包含 23 个主题领域,与参照数据集的主题领域对比,在内容上主要包含的能源、化学、生物、物理、环境领域全部涉及,在数量上比参照数据集多五个主题领域,并且五个主题领域文献数量很少,不是主题领域中的主要领域。这充分说明了扩展数据集在内容上和数量上都满足主题领域的覆盖面,并且冗余数据数量很少。

在机构影响度上,同样选取扩展数据集中载文量居前 50 名的机构进行测度。在测度过程中,由于机构影响度在同一领域内应该是一个相对稳定的数值,因此,将初始数据集中的相同机构去除,只对两个集合中的差异机构进行测度,具体测度结果如表 7-3 所示。从表中的结果很容易看出,12 个被测度机构中,10 个机构的 cppi/fcsm 均超过 0.8 以上,特别是,北京化工大学进入到扩展集合中。通过文献资料调查可以发现,北京化工大学十分重视生物柴油的研究,近几年来在生物柴油的研究上也取得了一定成绩[19]。同时,未超过 0.8 的 2 个机构的 cppi/fcsm 数值也都接近 0.8,说明他们的机构影响度与标准水平也很接近。此外,在两个集合中,初始数据集中与扩展数据集不同的机构,它们的载文数量不高,且 cppi/fcsm 也不高,因此,这也从另一个侧面反映了扩展集合的机构影响度良好。

综上,调整后的数据集从定量角度分析具有一定的典型性。

表 7-2　扩展数据集已经包含的主题领域

Subject Category	Record Count	% of 383
Energy & Fuels	179	46.74%
Engineering, Chemical	123	32.11%
Food Science & Technology	102	26.63%
Chemistry, Applied	79	20.63%
Biotechnology & Applied Icrobiology	77	20.10%
Agricultural Engineering	76	19.84%
Nutrition & Dietetics	32	8.36%
Biochemistry & Molecular Biology	31	8.09%
Chemistry, Physical	27	7.05%
Environmental Sciences	23	6.01%
Thermodynamics	20	5.22%
Physics, Nuclear	18	4.70%
Mechanics	18	4.70%
Meteorology & Atmospheric Sciences	8	2.09%
Engineering, Environmental	6	1.57%
Chemistry, Analytical	2	0.52%
Spectroscopy	1	0.26%
Physics, Atomic, Molecular & Chemical	1	0.26%
Materials Science, Textiles	1	0.26%
Engineering, Multidisciplinary	1	0.26%
Engineering, Mechanical	1	0.26%
Biochemical Research Methods	1	0.26%
Agronomy	1	0.26%

表 7-3　扩展数据集差异机构影响度

机构	p	ci	cppi	jcsm	fcsm	cppi/jcsm	cppi/fcsm
Osaka Municipal Tech Res Inst	5	68	13.60	14.00	15.47	0.97	0.88
Beijing Univ Chem Technol	4	7	1.75	2.33	1.83	0.75	0.96
Uri	3	5	1.67	1.67	1.67	1.00	1.00
Univ Shizuoka	3	10	3.33	3.75	3.58	0.89	0.93
Univ Naples Federico Ii	3	9	3.00	3.75	4.88	0.80	0.62
Univ Limerick	3	15	5.00	5.33	5.40	0.94	0.93
Sw Res Inst	3	17	5.67	6.33	5.00	0.89	1.13
Pamukkale Univ	3	9	3.00	3.75	3.42	0.80	0.88
Mississippi State Univ	3	8	2.67	2.25	3.00	1.19	0.89
Jordan Univ Sci & Technol	2	16	8.00	8.50	8.00	0.94	1.00
Istanbul Tech Univ	3	26	8.67	12.25	12.25	0.71	0.71
Anadolu Univ	3	16	5.33	6.33	6.58	0.84	0.81

7.5 小　　结

生物柴油领域分析数据集构建的实证过程,验证了基于界域理论的典型数据映射方法;验证了6.3节中的数据映射流程规范的可行性;验证了结果数据质量的定性控制标准实现量化的可行性。此外,选择热点词语作为多元综合领域的映射点,形成的初始集合,再采用核心期刊映射点调整后,虽然数据集文献数量由1353条记录缩小成383条记录,但是数据集的主题相关度和机构影响度却大大提升。此结果验证了定量测度指标具有可操作性,也证明了在满足效率原则的基础上,保证数据集的核心性应该是领域分析数据集构建的宗旨,即“用少量的资源实现较大的产出”。

第8章 结　　语

8.1 本研究的主要工作

本研究尝试对领域分析数据集构建的理论与方法进行系统的研究，力求对情报研究工作的理论和实践提供一些有益的参考，书中重点论述了以下几个方面。

(1) 研究了领域分析数据集构建的相关理论

领域分析数据集构建是一个实践性的问题，本书从实践的角度对相关理论进行了总结。在解析领域分析及其数据集含义的基础上，以领域分析数据集构建的关键问题为切入点，讨论了领域分析数据集构建的相关理论，具体包括信息检索理论、文献计量学理论、信息资源评价理论，并阐述了这些理论对于领域分析数据集构建的应用价值。

(2) 构建了领域分析数据集的界域理论

领域分析数据集的界域理论主要是针对日益交叉模糊的领域边界问题而提出，从理论上探索了领域分析数据集的边界和疆域。界域理论的本质就是要揭示数据集中应该包含的文献数据到底有哪些才能足够揭示领域的状态，它是领域分析数据集数据遴选的基础。本书从领域范式演化、领域分析需求和领域分析目标三个角度，分别研究了不同类别领域范式、领域分析需求和分析目标的特点，以及在定性层面上数据集构建应该包含的关键要点。

(3) 提出了基于界域理论的典型数据映射方法

针对领域开展分析工作一直是情报研究工作的重点，但是当前尚无系统的研究领域分析数据集构建的方法，这些方法通常只是零星地分散于各个情报研究报告中。因此，本书在大量阅读各种情报研究工作报告以及作者亲自参与的领域分析实践工作基础上，详细地分析了现有领域分析数据集来源数据的组织状态，通过对比分析领域分析来源数据提取与信息检索的差异，确定了领域分析来源数据的提取方式、相应的组织方法以及它们的适用条件。同时，结合领域分析数据集界域理论，提出了保证数据集具有核心性的基于界域理论的典型数据映射方法，其中包括单向移植领域的基底领域析出方法、双科交融领域和多元综合领域的融合要素汇聚方法，以及融入时间跨度、文献类型、被引文献等影响分析目标的典型数据映射方法。

(4) 制定了领域分析数据集数据质量的控制标准

领域分析数据集构建的数据质量控制是实际工作中情报研究人员很少涉及的问题，书中按照数据集构建流程的各个环节，提出了数据来源的定性控制要点，即权威性、覆盖性、准确性、客观性以及接近性，在每种定性判断的分析中，详细地给出了每个控制原则的内涵以及判断的要点，期望从数据源头着手控制并提升数据集构建质量。在改善数据来源的基础上，整合现有来源数据的组织方法和基于界域理论的典型数据映射方法，构建了一整套数据映射过程流程规范，以保证数据映射过程中数据集构建的畅通性。此外，还提出结果数据的典型性控制，深入探讨了将典型性量化的定量测度指标，即主题相关度和机构影响度。同时，进一步分析了两个指标的内涵、测度的可靠性和可行性以及具体的测度方法，为领域分析数据集开创了定量控制的先河。

(5) 对领域分析数据集构建进行了实证研究

在前面的理论与方法研究基础上，按照领域分析数据集构建流程图，选取生物柴油领域进行了实证分析，实证过程重点集中在基于界域理论的典型数据映射方法和数据质量控制两项内容。在基于界域理论的典型数据映射方法过程中，紧密围绕领域范式和分析需求，执行数据映射流程规范的每一个环节，分析了生物柴油领域的构建策略，验证了数据映射流程规范以及基于界域理论的典型数据映射方法在实际工作中的可行性。在数据质量控制中，按照数据来源的控制标准确定了数据来源，并且对结果数据的两个定量指标的测度方法进行了检验。最后针对质量分析结果对数据集进行了调整，使数据集能够更好地满足既定领域的分析需求。

8.2 本研究的创新之处

作为一个面向实际需求、解决情报研究问题的理论与实践相结合的课题，书中的总体创新之处是研究了领域分析数据集构建的理论与方法。这项研究目前在情报学界是一个探索性的内容，书中从实践工作出发，将实践中的问题上升到理论，使领域分析数据集构建的理论系统化。

具体的创新之处主要体现在以下三个方面。

- 理论探讨方面,构建了领域分析数据集界域理论,明确了边界模糊、交叉的领域数据集构建应该包含的要素,为实际工作中数据集构建提供了参考。
- 方法研究方面,整合现有来源数据的组织状态和领域分析数据集的界域理论思想,提出了基于界域理论的典型数据映射方法。
- 构建效果方面,从定量的角度提出主题相关度和机构影响度两个指标,用于控制领域分析数据集的数据质量,分析了定量指标的内涵、原理、可靠性和可行性,并利用生物柴油这一较有代表性的领域验证了测度方法。

8.3 本研究的不足

领域分析是一个实践性极强的工作,在领域分析工作中交杂着众多影响因素,清晰地梳理出头绪难度较大,因此,本书中尚存在着一些不足之处。

- 书中只针对现在常涉及的领域范式从定性角度进行了区分,没有从定量的角度限定领域分析数据集的边界和疆域。
- 基于界域理论的典型数据映射方法还需要经过实践的检验,书中只针对生物柴油一种领域进行了验证,没有选取更多的领域范式进行试验。
- 书中只提出了主题相关度和机构影响度两个定量指标,而有关数据集文献数量的具体标准要求还有待进一步的探讨。

8.4 有待进一步研究的问题

通过本书中的研究,作者发现在领域分析数据集方面尚有许多问题需要解决。领域分析工作的动态性决定了对于它的数据集研究也是一个发展中的问题。本书将实际工作中涉及的内容进行了概括和总结,提出了领域分析数据集构建的相关理论和方法,期望通过本书的研究,能完成情报研究工作“实践—理论提升—回归实践”这样一个过程。这种理论的探索对实际的工作将发挥重要的作用,作者认为在领域分析数据集中还有待进一步研究的问题包括以下几个方面。

- 从理论层面看,领域分析数据集构建的理论与方法在分析对象上可以扩展到社会科学领域,采集数据可以扩展到专利数据,这样有助于使领域分析数据集研究趋于完整和全面。
- 从实践层面看,领域分析数据集构建并不是可以一次性完成的工作,需要不断的检验、调整,不断推进数据集达到最佳状态,因此,各种调整的方法和指标有待进一步研究。
- 可以考虑从情报研究的整体角度规划领域分析数据集,研究数据集与整个链条的互动关系,从而使数据集在情报研究链条上更好地发挥承上启下的作用。

附 录

附录Ⅰ 数据集已经包含的主题领域

Subject Category	Record Count	% of 1353
ENERGY & FUELS	420	31.04%
ENGINEERING,CHEMICAL	344	25.43%
BIOTECHNOLOGY & APPLIED MICROBIOLOGY	167	12.34%
ENVIRONMENTAL SCIENCES	165	12.20%
FOOD SCIENCE & TECHNOLOGY	163	12.05%
CHEMISTRY,APPLIED	124	9.16%
CHEMISTRY,MULTIDISCIPLINARY	118	8.72%
AGRICULTURAL ENGINEERING	115	8.50%
ENGINEERING,MECHANICAL	91	6.73%
CHEMISTRY,PHYSICAL	82	6.06%
THERMODYNAMICS	66	4.88%
ENGINEERING,ENVIRONMENTAL	53	3.92%
BIOCHEMISTRY & MOLECULAR BIOLOGY	49	3.62%
METEOROLOGY & ATMOSPHERIC SCIENCES	46	3.40%
NUTRITION & DIETETICS	41	3.03%
MECHANICS	39	2.88%
PHYSICS,NUCLEAR	34	2.51%
TRANSPORTATION SCIENCE & TECHNOLOGY	34	2.51%
MULTIDISCIPLINARY SCIENCES	30	2.22%
CHEMISTRY,ANALYTICAL	28	2.07%
ENGINEERING,PETROLEUM	26	1.92%
ENGINEERING,INDUSTRIAL	21	1.55%
AGRICULTURE,SOIL SCIENCE	20	1.48%
ECOLOGY	20	1.48%
AGRONOMY	17	1.26%
MICROBIOLOGY	17	1.26%
WATER RESOURCES	15	1.11%
ENVIRONMENTAL STUDIES	14	1.03%

附录Ⅱ 数据集载文量居前20名的期刊名称

Source Title	Record Count	% of 1353
Journal of the American Oil Chemists Society	66	4.88
Fuel	59	4.36
Energy & Fuels	58	4.29
Abstracts of Papers of the American Chemical Society	43	3.18
Biomass & Bioenergy	42	3.10
Bioresource Technology	34	2.51
Renewable Energy	34	2.51
European Journal of Lipid Science and Technology	33	2.44
Energy Conversion and Management	32	2.37
Zuckerindustrie	31	2.29
Industrial & Engineering Chemistry Research	23	1.70
Transactions of The Asae	23	1.70
Atmospheric Environment	22	1.63
Energy Sources	22	1.63
Proceedings of the Institution of Mechanical Engineers Part D - Journal of Automobile Engineering	22	1.63
Fuel Processing Technology	21	1.55
Environmental Science & Technology	20	1.48
Journal of Scientific & Industrial Research	20	1.48
Biocycle	17	1.26
Chemosphere	15	1.11

附录Ⅲ　种子期刊引用和被引用数据

Journal of the American Oil Chemists Society cited

```
*Vertices 15
1 "EurFoodResTechnol" 0.0 0.0 0.0 x_fact 1.277491 y_fact 1.638194
2 "EurJLipidSciTech" 0.0 0.0 0.0 x_fact 0.591153 y_fact 0.763990
3 "FoodChem" 0.0 0.0 0.0 x_fact 5.212665 y_fact 7.226592
4 "FoodResInt" 0.0 0.0 0.0 x_fact 1.465357 y_fact 1.645709
5 "GrasasAceites" 0.0 0.0 0.0 x_fact 0.408296 y_fact 0.673814
6 "IndEngChemRes" 0.0 0.0 0.0 x_fact 0.498472 y_fact 6.655478
7 "JAgrFoodChem" 0.0 0.0 0.0 x_fact 13.190722 y_fact 28.563198
8 "JAmOilChemSoc" 0.0 0.0 0.0 x_fact 4.889535 y_fact 6.337358
9 "JChromatogrA" 0.0 0.0 0.0 x_fact 3.439206 y_fact 22.130655
10 "JFoodEng" 0.0 0.0 0.0 x_fact 1.214869 y_fact 3.163669
11 "JFoodLipids" 0.0 0.0 0.0 x_fact 0.235459 y_fact 0.268023
12 "JFoodSci" 0.0 0.0 0.0 x_fact 8.150894 y_fact 11.071590
13 "JSciFoodAgr" 0.0 0.0 0.0 x_fact 4.416111 y_fact 5.483192
14 "Lipids" 0.0 0.0 0.0 x_fact 1.222384 y_fact 2.322028
15 "ProcessBiochem" 0.0 0.0 0.0 x_fact 0.450879 y_fact 2.056510
*Matrix
0.000000 0.652613 0.841745 0.821929 0.398165 0.000000 0.925029 0.580794 0.000000 0.000000 0.786938 0.709038 0.879323 0.327468 0.000000
0.652613 0.000000 0.619634 0.612986 0.431898 0.000000 0.673004 0.910627 0.000000 0.000000 0.861439 0.505085 0.657476 0.534941 0.000000
0.841745 0.619634 0.000000 0.871466 0.448827 0.000000 0.872328 0.656249 0.000000 0.204746 0.802433 0.789362 0.924571 0.323290 0.000000
0.821929 0.612986 0.871466 0.000000 0.417808 0.000000 0.786755 0.631698 0.000000 0.442823 0.777499 0.953191 0.885531 0.306918 0.000000
0.398165 0.431898 0.448827 0.417808 0.000000 0.000000 0.385113 0.551895 0.000000 0.000000 0.479294 0.362579 0.450823 0.000000 0.000000
0.000000 0.000000 0.000000 0.000000 0.000000 0.000000 0.000000 0.000000 0.000000 0.000000 0.000000 0.000000 0.000000 0.000000 0.000000
0.925029 0.673004 0.872328 0.786755 0.385113 0.000000 0.000000 0.610798 0.000000 0.000000 0.815805 0.704817 0.908266 0.350030 0.000000
0.580794 0.910627 0.656249 0.631698 0.551895 0.000000 0.610798 0.000000 0.000000 0.000000 0.852329 0.539994 0.629332 0.425602 0.000000
0.000000 0.000000 0.000000 0.000000 0.000000 0.000000 0.000000 0.000000 0.000000 0.000000 0.000000 0.000000 0.000000 0.000000 0.000000
0.000000 0.000000 0.204746 0.442823 0.000000 0.000000 0.000000 0.000000 0.000000 0.000000 0.000000 0.476153 0.249359 0.000000 0.000000
0.786938 0.861439 0.802433 0.777499 0.479294 0.000000 0.815805 0.852329 0.000000 0.000000 0.000000 0.682260 0.859166 0.380704 0.000000
0.709038 0.505085 0.789362 0.953191 0.362579 0.000000 0.704817 0.539994 0.000000 0.476153 0.682260 0.000000 0.815983 0.252420 0.000000
0.879323 0.657476 0.924571 0.885531 0.450823 0.000000 0.908266 0.629332 0.000000 0.249359 0.859166 0.815983 0.000000 0.345325 0.000000
0.327468 0.534941 0.323290 0.306918 0.000000 0.000000 0.350030 0.425602 0.000000 0.000000 0.380704 0.252420 0.345325 0.000000 0.000000
0.000000 0.000000 0.000000 0.000000 0.000000 0.000000 0.000000 0.000000 0.000000 0.000000 0.000000 0.000000 0.000000 0.000000 0.000000
```

Journal of the American Oil Chemists Society citing

```
*Vertices 8
1 "EnzymeMicrobTech" 0.0 0.0 0.0 x_fact 0.696640 y_fact 2.702569
2 "EurJLipidSciTech" 0.0 0.0 0.0 x_fact 2.915020 y_fact 3.255929
3 "FoodChem" 0.0 0.0 0.0 x_fact 13.339921 y_fact 17.312253
4 "JAgrFoodChem" 0.0 0.0 0.0 x_fact 15.785573 y_fact 46.106719
5 "JAmOilChemSoc" 0.0 0.0 0.0 x_fact 1.714427 y_fact 4.570158
6 "JFoodSci" 0.0 0.0 0.0 x_fact 7.391304 y_fact 13.152174
7 "JSciFoodAgr" 0.0 0.0 0.0 x_fact 7.663043 y_fact 9.767787
8 "Lipids" 0.0 0.0 0.0 x_fact 0.963439 y_fact 3.132411
*Matrix
0.000000 0.000000 0.000000 0.000000 0.000000 0.000000 0.000000 0.000000
0.000000 0.000000 0.425058 0.336243 0.964822 0.297992 0.361574 0.475009
0.000000 0.425058 0.000000 0.905845 0.368036 0.841701 0.943069 0.000000
0.000000 0.336243 0.905845 0.000000 0.287983 0.738471 0.876581 0.000000
0.000000 0.964822 0.368036 0.287983 0.000000 0.263717 0.295092 0.275427
0.000000 0.297992 0.841701 0.738471 0.263717 0.000000 0.881964 0.000000
0.000000 0.361574 0.943069 0.876581 0.295092 0.881964 0.000000 0.000000
0.000000 0.475009 0.000000 0.000000 0.275427 0.000000 0.000000 0.000000
```

Fuel cited

```
*Vertices 16
1 "Carbon" 0.0 0.0 0.0 x_fact 2.942549 y_fact 7.501853
2 "CatalToday" 0.0 0.0 0.0 x_fact 3.359776 y_fact 6.678378
3 "CombustFlame" 0.0 0.0 0.0 x_fact 5.122011 y_fact 7.765365
4 "EnergConversManage" 0.0 0.0 0.0 x_fact 0.694464 y_fact 1.578326
5 "EnergFuel" 0.0 0.0 0.0 x_fact 3.587604 y_fact 5.887843
6 "EnergSource" 0.0 0.0 0.0 x_fact 0.263512 y_fact 0.538003
7 "EnvironSciTechnol" 0.0 0.0 0.0 x_fact 2.360627 y_fact 24.959513
8 "Fuel" 0.0 0.0 0.0 x_fact 7.059921 y_fact 9.382120
9 "FuelProcessTechnol" 0.0 0.0 0.0 x_fact 2.003788 y_fact 2.231616
10 "IndEngChemRes" 0.0 0.0 0.0 x_fact 3.993851 y_fact 10.740853
11 "IntJCoalGeol" 0.0 0.0 0.0 x_fact 0.370564 y_fact 1.364223
12 "JAnalApplPyrol" 0.0 0.0 0.0 x_fact 0.774066 y_fact 1.701847
13 "JColloidInterfSci" 0.0 0.0 0.0 x_fact 2.717466 y_fact 10.699679
14 "PCombustInst" 0.0 0.0 0.0 x_fact 1.979084 y_fact 4.965551
15 "PetrolSciTechnol" 0.0 0.0 0.0 x_fact 0.376053 y_fact 0.483105
16 "StudSurfSciCatal" 0.0 0.0 0.0 x_fact 1.611265 y_fact 3.521726
*Matrix
0.000000 0.000000 0.000000 0.000000 0.000000 0.000000 0.000000 0.000000 0.000000 0.000000 0.000000 0.000000 0.000000 0.000000 0.000000 0.000000
0.000000 0.000000 0.000000 0.000000 0.320686 0.000000 0.000000 0.224888 0.298904 0.443359 0.000000 0.000000 0.000000 0.000000 0.295282 0.728644
0.000000 0.000000 0.000000 0.000000 0.000000 0.000000 0.000000 0.000000 0.000000 0.000000 0.000000 0.000000 0.000000 0.989026 0.000000 0.000000
0.000000 0.000000 0.000000 0.000000 0.213720 0.402553 0.000000 0.268668 0.339319 0.000000 0.000000 0.000000 0.000000 0.000000 0.000000 0.000000
0.000000 0.320686 0.000000 0.213720 0.000000 0.295412 0.000000 0.884596 0.899686 0.358850 0.223320 0.280750 0.000000 0.000000 0.835921 0.293319
0.000000 0.000000 0.000000 0.402553 0.295412 0.000000 0.000000 0.373366 0.397933 0.000000 0.000000 0.000000 0.000000 0.000000 0.370700 0.000000
0.000000 0.000000 0.000000 0.000000 0.000000 0.000000 0.000000 0.000000 0.000000 0.000000 0.000000 0.000000 0.000000 0.000000 0.000000 0.000000
0.000000 0.224888 0.000000 0.268668 0.884596 0.373366 0.000000 0.000000 0.980172 0.255562 0.301136 0.331749 0.000000 0.000000 0.669189 0.242370
0.000000 0.298904 0.000000 0.339319 0.899686 0.397933 0.000000 0.980172 0.000000 0.340032 0.400402 0.331945 0.000000 0.000000 0.708135 0.250460
0.000000 0.443359 0.000000 0.000000 0.358850 0.000000 0.000000 0.255562 0.340032 0.000000 0.000000 0.226514 0.000000 0.000000 0.330628 0.233819
0.000000 0.000000 0.000000 0.000000 0.223320 0.000000 0.000000 0.301136 0.400402 0.000000 0.000000 0.000000 0.000000 0.000000 0.000000 0.000000
0.000000 0.000000 0.000000 0.000000 0.280750 0.000000 0.000000 0.331749 0.331945 0.226514 0.000000 0.000000 0.000000 0.000000 0.000000 0.000000
0.000000 0.000000 0.000000 0.000000 0.000000 0.000000 0.000000 0.000000 0.000000 0.000000 0.000000 0.000000 0.000000 0.000000 0.200059 0.000000
0.000000 0.000000 0.989026 0.000000 0.000000 0.000000 0.000000 0.000000 0.000000 0.000000 0.000000 0.000000 0.000000 0.000000 0.000000 0.000000
0.000000 0.295282 0.000000 0.000000 0.835921 0.370700 0.000000 0.669189 0.708135 0.330628 0.000000 0.000000 0.200059 0.000000 0.000000 0.000000
0.000000 0.728644 0.000000 0.000000 0.293319 0.000000 0.000000 0.242370 0.250460 0.233819 0.000000 0.000000 0.000000 0.000000 0.000000 0.000000
```

Fuel citing

```
*Vertices 12
1 "AicheJ" 0.0 0.0 0.0 x_fact 3.812283 y_fact 5.834600
2 "ApplCatalAGen" 0.0 0.0 0.0 x_fact 2.108373 y_fact 7.879866
3 "Carbon" 0.0 0.0 0.0 x_fact 1.032673 y_fact 5.797309
4 "ChemEngSci" 0.0 0.0 0.0 x_fact 5.108861 y_fact 11.072545
5 "CombustFlame" 0.0 0.0 0.0 x_fact 1.620722 y_fact 4.383122
6 "CombustSciTechnol" 0.0 0.0 0.0 x_fact 1.391239 y_fact 1.985026
7 "EnergFuel" 0.0 0.0 0.0 x_fact 5.745676 y_fact 8.149508
8 "EnvironSciTechnol" 0.0 0.0 0.0 x_fact 1.930524 y_fact 25.547173
9 "Fuel" 0.0 0.0 0.0 x_fact 3.542641 y_fact 5.969421
10 "FuelProcessTechnol" 0.0 0.0 0.0 x_fact 2.197298 y_fact 2.435386
11 "IndEngChemRes" 0.0 0.0 0.0 x_fact 12.919882 y_fact 19.970741
12 "ProgEnergCombust" 0.0 0.0 0.0 x_fact 0.886377 y_fact 0.975302
*Matrix
0.000000 0.000000 0.000000 0.946755 0.000000 0.000000 0.211733 0.000000 0.000000 0.201259 0.896439 0.000000
0.000000 0.000000 0.000000 0.000000 0.000000 0.000000 0.000000 0.000000 0.000000 0.000000 0.273402 0.000000
0.000000 0.000000 0.000000 0.000000 0.000000 0.000000 0.000000 0.000000 0.000000 0.000000 0.000000 0.000000
0.946755 0.000000 0.000000 0.000000 0.000000 0.000000 0.000000 0.000000 0.000000 0.000000 0.809292 0.000000
0.000000 0.000000 0.000000 0.000000 0.000000 0.959775 0.000000 0.000000 0.240294 0.000000 0.000000 0.965518
0.000000 0.000000 0.000000 0.000000 0.959775 0.000000 0.210464 0.000000 0.299897 0.000000 0.000000 0.993531
0.211733 0.000000 0.000000 0.000000 0.000000 0.210464 0.000000 0.000000 0.900138 0.893557 0.323273 0.207942
0.000000 0.000000 0.000000 0.000000 0.000000 0.000000 0.000000 0.000000 0.000000 0.000000 0.000000 0.000000
0.000000 0.000000 0.000000 0.000000 0.240294 0.299897 0.900138 0.000000 0.000000 0.990711 0.249792 0.306019
0.201259 0.000000 0.000000 0.000000 0.000000 0.000000 0.893557 0.000000 0.990711 0.000000 0.273622 0.201417
0.896439 0.273402 0.000000 0.809292 0.000000 0.000000 0.323273 0.000000 0.249792 0.273622 0.000000 0.000000
0.000000 0.000000 0.000000 0.000000 0.965518 0.993531 0.207942 0.000000 0.306019 0.201417 0.000000 0.000000
```

energy fuels cited

```
*Vertices 22
1 "AnalChem" 0.0 0.0 0.0 x_fact 2.651409 y_fact 8.990074
2 "ApplCatalAGen" 0.0 0.0 0.0 x_fact 3.598843 y_fact 5.620303
3 "ApplCatalBEnviron" 0.0 0.0 0.0 x_fact 1.444761 y_fact 2.348993
4 "Carbon" 0.0 0.0 0.0 x_fact 1.828558 y_fact 3.497368
5 "CatalToday" 0.0 0.0 0.0 x_fact 3.349676 y_fact 4.564361
6 "EnergFuel" 0.0 0.0 0.0 x_fact 1.617570 y_fact 2.459511
7 "EnergSource" 0.0 0.0 0.0 x_fact 0.064301 y_fact 0.164771
8 "EnvironSciTechnol" 0.0 0.0 0.0 x_fact 1.979263 y_fact 10.250975
9 "FluidPhaseEquilibr" 0.0 0.0 0.0 x_fact 0.855001 y_fact 2.177189
10 "Fuel" 0.0 0.0 0.0 x_fact 2.648394 y_fact 3.498372
11 "FuelProcessTechnol" 0.0 0.0 0.0 x_fact 0.745489 y_fact 0.828879
12 "IndEngChemRes" 0.0 0.0 0.0 x_fact 2.844311 y_fact 5.313869
13 "IntJCoalGeol" 0.0 0.0 0.0 x_fact 0.153719 y_fact 0.517422
14 "JAnalApplPyrol" 0.0 0.0 0.0 x_fact 0.496323 y_fact 0.835912
15 "JColloidInterfSci" 0.0 0.0 0.0 x_fact 4.788410 y_fact 7.710083
16 "JDisperSciTechnol" 0.0 0.0 0.0 x_fact 0.170799 y_fact 0.229072
17 "JPhysChemB" 0.0 0.0 0.0 x_fact 6.070410 y_fact 16.765462
18 "Langmuir" 0.0 0.0 0.0 x_fact 8.859462 y_fact 17.887715
19 "OrgGeochem" 0.0 0.0 0.0 x_fact 0.453121 y_fact 1.406583
20 "PCombustInst" 0.0 0.0 0.0 x_fact 0.147691 y_fact 1.240807
21 "StudSurfSciCatal" 0.0 0.0 0.0 x_fact 1.363381 y_fact 2.062653
22 "ThermochimActa" 0.0 0.0 0.0 x_fact 0.609854 y_fact 1.629627
*Matrix
0.000000 0.000000 0.000000 0.000000 0.000000 0.000000 0.000000 0.000000 0.000000 0.000000 0.000000 0.000000 0.000000 0.000000 0.000000 0.000000 0.000000 0.217588 0.000000 0.0000
0.000000 0.000000 0.585529 0.000000 0.918421 0.264664 0.000000 0.000000 0.000000 0.000000 0.320777 0.359216 0.000000 0.000000 0.000000 0.000000 0.264214 0.000000 0.000000 0.0000
0.000000 0.585529 0.000000 0.000000 0.755422 0.000000 0.000000 0.000000 0.000000 0.000000 0.207248 0.304683 0.000000 0.000000 0.000000 0.000000 0.231446 0.000000 0.000000 0.0000
0.000000 0.000000 0.000000 0.000000 0.221785 0.208171 0.000000 0.000000 0.000000 0.000000 0.207792 0.000000 0.000000 0.000000 0.233257 0.000000 0.261329 0.237262 0.000000 0.0000
0.000000 0.918421 0.755422 0.221785 0.000000 0.295030 0.000000 0.000000 0.000000 0.000000 0.323116 0.429983 0.000000 0.000000 0.000000 0.000000 0.374829 0.000000 0.000000 0.0000
0.000000 0.264664 0.000000 0.208171 0.295030 0.000000 0.297232 0.000000 0.000000 0.884230 0.899843 0.368211 0.223805 0.286082 0.000000 0.214387 0.000000 0.000000 0.000000 0.0000
0.000000 0.000000 0.000000 0.000000 0.000000 0.297232 0.000000 0.000000 0.000000 0.368814 0.375841 0.000000 0.000000 0.000000 0.000000 0.000000 0.000000 0.000000 0.000000 0.0000
0.000000 0.000000 0.000000 0.000000 0.000000 0.000000 0.000000 0.000000 0.000000 0.000000 0.000000 0.000000 0.000000 0.000000 0.000000 0.000000 0.000000 0.000000 0.000000 0.0000
0.000000 0.000000 0.000000 0.000000 0.000000 0.000000 0.000000 0.000000 0.000000 0.000000 0.000000 0.489755 0.000000 0.000000 0.000000 0.000000 0.000000 0.000000 0.000000 0.0000
0.000000 0.000000 0.000000 0.000000 0.000000 0.884230 0.368814 0.000000 0.000000 0.000000 0.972649 0.257957 0.302137 0.326527 0.000000 0.000000 0.000000 0.000000 0.000000 0.0000
0.000000 0.320777 0.207248 0.207792 0.323116 0.899843 0.375841 0.000000 0.000000 0.972649 0.000000 0.350112 0.396550 0.316152 0.000000 0.000000 0.000000 0.000000 0.000000 0.0000
0.000000 0.359216 0.304683 0.000000 0.429983 0.368211 0.000000 0.000000 0.489755 0.257957 0.350112 0.000000 0.000000 0.215242 0.000000 0.231201 0.000000 0.000000 0.000000 0.0000
0.000000 0.000000 0.000000 0.000000 0.000000 0.223805 0.000000 0.000000 0.000000 0.302137 0.396550 0.000000 0.000000 0.000000 0.000000 0.000000 0.000000 0.000000 0.000000 0.0000
0.000000 0.000000 0.000000 0.000000 0.000000 0.286082 0.000000 0.000000 0.000000 0.326527 0.316152 0.215242 0.000000 0.000000 0.000000 0.000000 0.000000 0.000000 0.367342 0.0000
0.000000 0.000000 0.000000 0.233257 0.000000 0.000000 0.000000 0.000000 0.000000 0.000000 0.000000 0.000000 0.000000 0.000000 0.000000 0.847221 0.414674 0.808789 0.000000 0.0000
0.000000 0.000000 0.000000 0.000000 0.000000 0.214387 0.000000 0.000000 0.000000 0.000000 0.000000 0.231201 0.000000 0.000000 0.847221 0.000000 0.297661 0.652887 0.000000 0.0000
0.000000 0.264214 0.231446 0.261329 0.374829 0.000000 0.000000 0.000000 0.000000 0.000000 0.000000 0.000000 0.000000 0.000000 0.414674 0.297661 0.000000 0.627065 0.000000 0.0000
0.217588 0.000000 0.000000 0.237262 0.000000 0.000000 0.000000 0.000000 0.000000 0.000000 0.000000 0.000000 0.000000 0.000000 0.808789 0.652887 0.627065 0.000000 0.000000 0.0000
0.000000 0.000000 0.000000 0.000000 0.000000 0.000000 0.000000 0.000000 0.000000 0.000000 0.000000 0.000000 0.000000 0.367342 0.000000 0.000000 0.000000 0.000000 0.000000 0.0000
0.000000 0.000000 0.000000 0.000000 0.000000 0.000000 0.000000 0.000000 0.000000 0.000000 0.000000 0.000000 0.000000 0.000000 0.000000 0.000000 0.000000 0.000000 0.000000 0.0000
0.000000 0.778407 0.492960 0.213511 0.787304 0.296916 0.000000 0.000000 0.000000 0.228871 0.288639 0.281283 0.000000 0.000000 0.000000 0.000000 0.391340 0.219797 0.000000 0.0000
0.000000 0.000000 0.000000 0.000000 0.000000 0.000000 0.000000 0.000000 0.000000 0.000000 0.000000 0.000000 0.000000 0.000000 0.000000 0.000000 0.000000 0.000000 0.000000 0.0000
```

energy fuels citing

```
*Vertices 13
1 "AnalChem" 0.0 0.0 0.0 x_fact 1.101958 y_fact 12.279210
2 "ApplCatalAGen" 0.0 0.0 0.0 x_fact 7.749136 y_fact 11.313668
3 "Carbon" 0.0 0.0 0.0 x_fact 1.015147 y_fact 3.957835
4 "CatalToday" 0.0 0.0 0.0 x_fact 7.175126 y_fact 9.317034
5 "ChemEngSci" 0.0 0.0 0.0 x_fact 1.897422 y_fact 5.580654
6 "CombustFlame" 0.0 0.0 0.0 x_fact 0.311808 y_fact 2.017894
7 "EnergFuel" 0.0 0.0 0.0 x_fact 3.925946 y_fact 5.410577
8 "EnvironSciTechnol" 0.0 0.0 0.0 x_fact 2.754894 y_fact 17.340774
9 "Fuel" 0.0 0.0 0.0 x_fact 2.058641 y_fact 3.557445
10 "FuelProcessTechnol" 0.0 0.0 0.0 x_fact 1.369475 y_fact 1.516521
11 "IndEngChemRes" 0.0 0.0 0.0 x_fact 7.460360 y_fact 11.815041
12 "JCatal" 0.0 0.0 0.0 x_fact 3.343077 y_fact 8.477279
13 "JColloidInterfSci" 0.0 0.0 0.0 x_fact 2.264151 y_fact 7.416069
*Matrix
0.000000 0.000000 0.000000 0.000000 0.000000 0.000000 0.000000 0.000000 0.000000 0.000000 0.000000 0.000000 0.000000
0.000000 0.000000 0.000000 0.958874 0.000000 0.000000 0.000000 0.000000 0.000000 0.000000 0.308683 0.945360 0.000000
0.000000 0.000000 0.000000 0.000000 0.000000 0.000000 0.000000 0.000000 0.000000 0.000000 0.000000 0.000000 0.000000
0.000000 0.958874 0.000000 0.000000 0.230407 0.000000 0.236713 0.000000 0.000000 0.000000 0.415074 0.908685 0.000000
0.000000 0.000000 0.000000 0.230407 0.000000 0.000000 0.000000 0.000000 0.000000 0.000000 0.765026 0.000000 0.000000
0.000000 0.000000 0.000000 0.000000 0.000000 0.000000 0.000000 0.000000 0.221527 0.000000 0.000000 0.000000 0.000000
0.000000 0.000000 0.000000 0.236713 0.000000 0.000000 0.000000 0.000000 0.899707 0.891894 0.349219 0.000000 0.000000
0.000000 0.000000 0.000000 0.000000 0.000000 0.000000 0.000000 0.000000 0.000000 0.000000 0.000000 0.000000 0.000000
0.000000 0.000000 0.000000 0.000000 0.000000 0.221527 0.899707 0.000000 0.000000 0.992208 0.254274 0.000000 0.000000
0.000000 0.000000 0.000000 0.000000 0.000000 0.000000 0.891894 0.000000 0.992208 0.000000 0.290271 0.000000 0.000000
0.000000 0.308683 0.000000 0.415074 0.765026 0.000000 0.349219 0.000000 0.254274 0.290271 0.000000 0.239799 0.000000
0.000000 0.945360 0.000000 0.908685 0.000000 0.000000 0.000000 0.000000 0.000000 0.000000 0.239799 0.000000 0.000000
0.000000 0.000000 0.000000 0.000000 0.000000 0.000000 0.000000 0.000000 0.000000 0.000000 0.000000 0.000000 0.000000
```

附录Ⅳ　其他种子期刊可视化结果

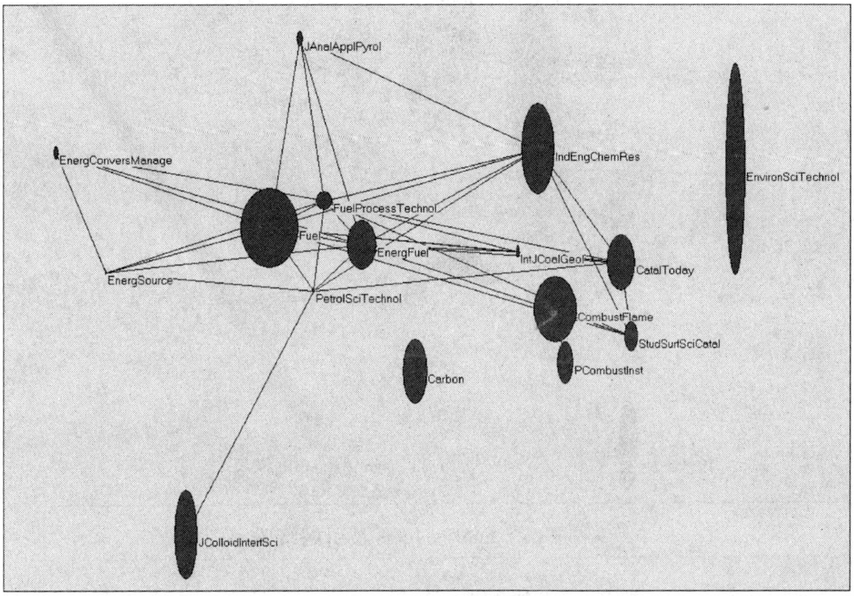

图Ⅳ.1　fuel 被引网络图

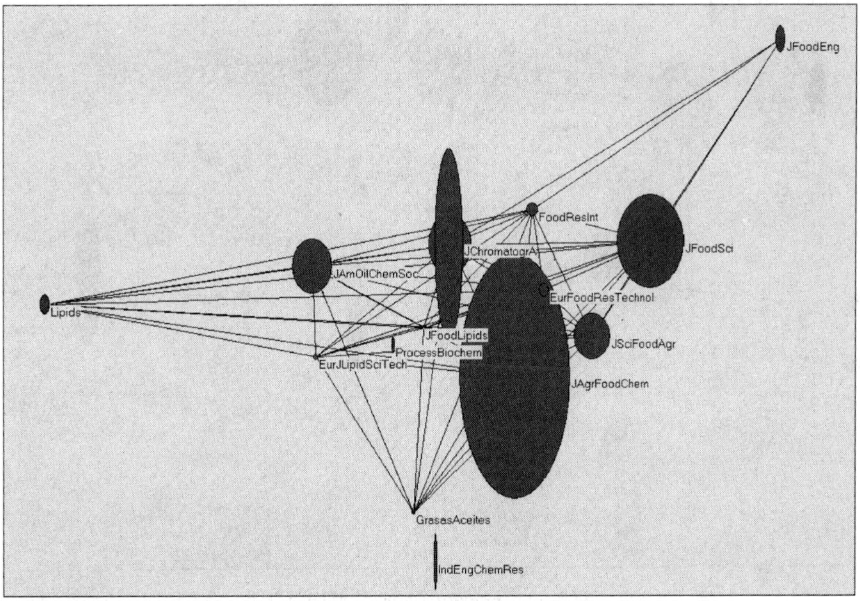

图Ⅳ.2　fuel 引用网络图

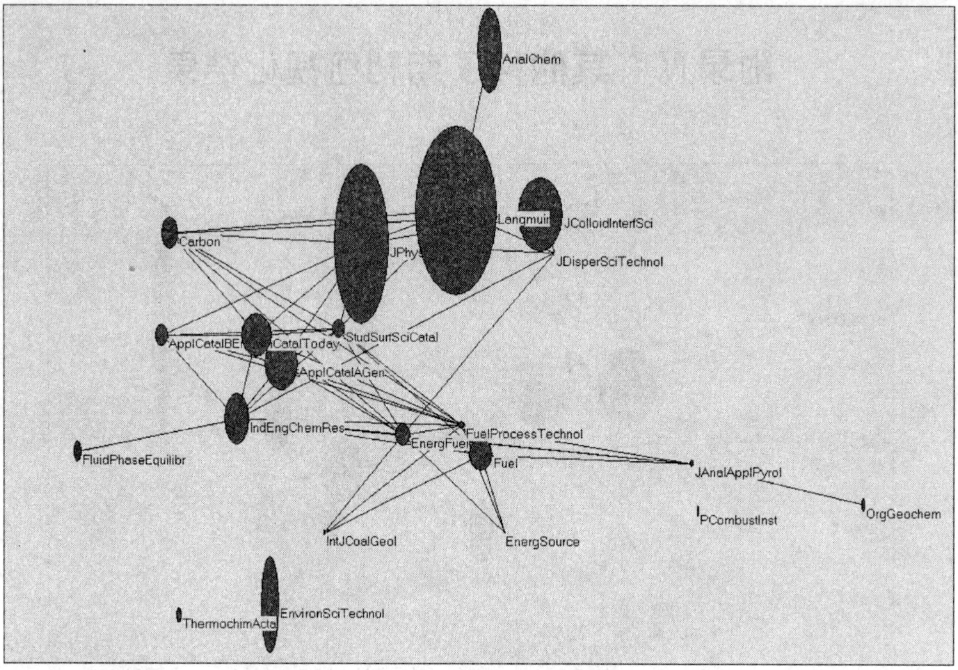

图Ⅳ.3　energy fuels 被引网络图

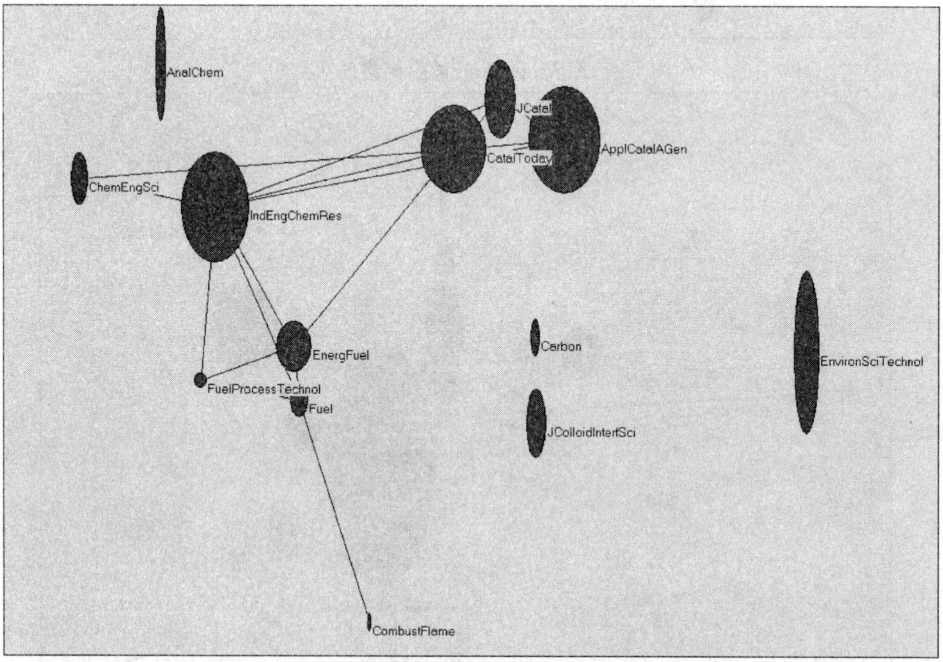

图Ⅳ.4　energy fuels 引用网络图

附录Ⅴ 期刊引文网络期刊名称列表

期刊名称	期刊名称
Analytical Chemistry	Combustion and Flame
Applied Catalysis A-General	Journal of Dispersion Science and Technology
Applied Catalysis B-Environmental	Journal of Food Engineering
Carbon	Journal of Food Lipids
Catalysis Today	Journal of Food Science
Journal of Colloid and Interface Science	Journal of Physical Chemistry B
Energy Conversion and Management	Grasas Y Aceites
Energy& Fuels	Langmuir
European Food Research and Technology	Combustion Science and Technology
European Journal of Lipid Science and Technology	Proceedings of the Combustion Institute
Studies in Surface Science and Catalysis	Petroleum Science and Technology
Food Chemistry	Process Biochemistry
Food Research International	Fluid Phase Equilibria
Journal of Analytical and Applied Pyrolysis	Journal of Chromatography A
Fuel Processing Technology	Journal of Catalysis
Journal of the Science of Food and Agriculture	Aiche Journal
Industrial & Engineering Chemistry Research	Chemical Engineering Science
International Journal Of Coal Geology	Lipids
Journal of Agricultural And Food Chemistry	Fuel
Journal of the American Oil Chemists Society	

附录Ⅵ 参照数据集应该包含的主题领域

Subject Category	Record Count	% of 258
Engineering，Chemical	131	50.78
Energy & Fuels	113	43.80
Food Science & Technology	97	37.60
Chemistry，Applied	79	30.62
Nutrition & Dietetics	32	12.40
Thermodynamics	22	8.53
Chemistry，Physical	19	7.36
Mechanics	18	6.98
Physics，Nuclear	18	6.98
Environmental Sciences	8	3.10
Biochemistry & Molecular Biology	6	2.33
Biotechnology & Applied Microbiology	6	2.33
Chemistry，Analytical	2	0.78
Engineering，Environmental	2	0.78
Engineering，Mechanical	2	0.78
Biochemical Research Methods	1	0.39
Engineering,Multidisciplinary	1	0.39
Spectroscopy	1	0.39

附录Ⅶ Indian. Inst. Technol.机构期刊集合相关指标

st	p	cj	cij
Journal of Scientific & Industrial Research	7	6	5
Biomass & Bioenergy	5	25	24
Journal of Engineering For Gas Turbines And Power-Transactions of the Asme	3	24	21
Bioresource Technology	2	8	8
Journal of the American Oil Chemists Society	2	6	5
Renewable Energy	2	0	0
Analytical Biochemistry	1	1	1
Atmospheric Environment	1	0	0
Energy & Fuels	1	11	11
Energy Policy	1	1	1
Environmental Science & Technology	1	19	19
European Journal of Biochemistry	1	27	27
European Journal of Lipid Science and Technology	1	0	0
Indian Journal of Biochemistry & Biophysics	1	7	7
International Journal of Hydrogen Energy	1	9	9
Journal of the Institute of Energy	1	3	3
Proceedings of the Institution of Mechanical Engineers Part D - Journal of Automobile Engineering	1	0	0

附录Ⅷ Indian. Inst. Technol. 机构期刊所属领域集合相关指标

sc	ps	cs	cis
Energy & Fuels	13	57	47
Agricultural Engineering	7	33	31
Biotechnology & Applied Microbiology	7	33	31
Engineering, Industrial	7	6	5
Multidisciplinary Sciences	7	6	5
Engineering, Mechanical	4	24	20
Environmental Sciences	4	29	29
Biochemistry & Molecular Biology	3	35	30
Food Science & Technology	3	6	5
Chemistry, Applied	2	6	5
Biochemical Research Methods	1	1	1
Biophysics	1	7	7
Chemistry, Analytical	1	1	1
Chemistry, Physical	1	9	9
Engineering, Chemical	1	11	11
Engineering, Environmental	1	19	19
Environmental Studies	1	1	1
Meteorology & Atmospheric Sciences	1	0	0
Nutrition & Dietetics	1	0	0
Physics, Atomic, Molecular & Chemical	1	9	9
Transportation Science & Technology	1	0	0

参考文献

[1] 孙成权,等.战略情报研究与技术预见[M].上海:上海科学技术文献出版社,2008.

[2] Hjorland. B.. Domain analysis in information science: Eleven approaches traditional as well as innovative[J]. Journal of Documentation, 2002, 58(4): 422-462.

[3] Hjorland. B.. Domain analys: A socio-cognitive orientation for information science research[J]. Bulletin of the American Society for Information Science and Technology, 2004, 30(3): 17-21.

[4] Tennis. J. T.. Two axes of domains for domain analysis[J]. Knowledge Organization, 2003, 30(3/4):191-195.

[5] Palmer. C. L.. Aligning Studies of Information Seeking and Use with Domain Analysis[J]. Journal of the American Society for Information Science, 1999, 50(12): 1139-1140.

[6] Rinia. E. J. ,et al. Influence of interdisciplinarity on peer-review and bibliometric evaluations in physics research[J]. Research Policy, 2001, 30: 357-361.

[7] Van Raan. A. F. J. , Th. N. van Leeuwen. Identifying the fields for mapping RTD excellence in life sciences - a first approach[EB/OL]. [2006-09-10]. http://www.cwts.nl/TvR/documents/AvR-EC-CoE-Life Sc2001.pdf.

[8] Van Raan. A. F. J. , Th. N. van Leeuwen. Assessment of the scientific basis of interdisciplinary, applied research: Application of bibliometric methods in nutrition and food research[J]. Research Policy , 2002, 31: 611-632.

[9] 梁立明，武夷山. 科学计量学——理论探索与案例研究[M]. 北京：科学出版社，2006.

[10] 加拿大国家研究理事会[EB/OL]. [2006-04-10]. http://www.nrc-cnrc.gc.ca/main_e.html.

[11] 金碧辉,等. 世界科学中的中国[R]. 北京:科技部基础研究司，中国科学院文献情报中心，2006(12).

[12] 金碧辉,等. 世界科学中的中国[R]. 北京:科技部基础研究司，中国科学院文献情报中心，2005(3).

[13] 冷伏海,冯璐,王建芳,等. 国内外能源科技发展趋势分析与研究[R]. 北京：中国科学院文献情报中心，2005.

[14] 金碧辉,等. 世界科学中的中国[R]. 北京:科技部基础研究司，中国科学院文献情报中心，2005(9).

[15] 冷伏海,冯璐,王建芳,等. 国外强磁场、粒子研究等大型装置发展及相关科技攻关趋势研究[R]. 北京:中国科学院文献情报中心,2005.

[16] Michael Zitt，Elise Bassecoulard. Delinerating compelex scientific fields by hybrid lexical-citation menthod:an application to nanoscience[J]. Information Processing and Management,42(6):1513-1531.

[17] 王欣. 世纪之初看 R&D 评估[J]. 科技政策与发展战略，2004(8)：18-23.

[18] 崔雷. 关于从 MEDLINE 数据库中进行知识抽取和挖掘的研究进展[J]. 情报学报，2003(4):425-433.

[19] 北京化工大学生物加工过程重点实验室[EB/OL]. [2007-03-10]. http://www.bioprocess.buct.edu.cn/ chinese/index_ch.htm.

[20] 何蛟，崔雷，侯跃芳. 面向主题词和非主题词的 PubMed 数据挖掘软件[J]. 中华医学图书情报杂志，2005(1)：49-51.

[21] E. C. M. Noyons, R. K. Buter, A. F. J van Raan, et al. Mapping Excellence in Science and Technology across Europe[EB/OL]. [2006-09-15]http://studies.cwts.nl/ projects/ ec-coe/cgi-bin/izite.pl? Show=home.

[22] Pesnata. A.. Spanish performance in life sciences: A comparative appraisal of the scientific production of Spain and five other European countries in 1989[J]. Scientometrics，1992，24:95-114.

[23] Bordons. M. ,et al. Local, domestic and international scientific collaboration in biomedical research[J]. Scientometrics，1996，37：279-295.

[24] Bordons. M. ， Zulueta. M. A. Comparison of research team activity in two

biomedical subfields [J]. Scientometrics, 1997, 40: 423-436.

[25] 金碧辉,Loet Leydesdorff ,孙海荣,等. 中国科技期刊引文网络:国际影响和国内影响[J]. 中国科技期刊研究, 2005(2):141-146.

[26] DE. Bruin, R. H. , Moed. H. F. Delimitation of scientific subfields using cognitive words from corporate addresses in scientific publications[J]. Scientometrics, 1993,26:65-80.

[27] Bourke. P, Biyii, ER, L. Institutions and the map of science: matching university departments and fields of research[J]. Research Policy, 1998, 26: 711-718.

[28] 周萍, Loet Leydesdorff, 武夷山. 中国科技期刊引文环境的可视化[J/OL]. [2006-11-30]. http://users. fmg. uva. nl/lleydesdorff/istic03/index. htm.

[29] Chinchilla Rodriguez. Zaida, Comra-Alvarez. Elena, Herrero-Solana, Victor. A New technique for building maps of large scientific domains based on the cocitation of classes and categories [J]. Scientometrics, 2004, 61 (1): 129-145.

[30] Trsay, Ming yueh, Wu Chinwen, Xu Hung. Journal co-citation an analysis of semiconductor literature[J]. Scientometrics, 2003, 57(1): 7-25.

[31] 邱均平,等. 中国大学离世界一流大学还有多远? [J/OL]. [2006-12-02]. http://www. chinainfo. gov. cn/data/ 200603/1_20060301_129824. html.

[32] G. Lewison. Evaluation of national biometdical research outputs through journal-based esteem measures [J]. Research Evaluation, 1995, 5 (3): 225-23.

[33] G. Lewison. The definition of biomedical research subfields with title keywords and application to the analysis of research outputs[J]. Research Evaluation, 1996 (1): 25-36.

[34] Maria Angeles Zulueta, Maria Bordons. A global approach to the study of teams in multidisciplinary research areas through bibliometrics indicators [J]. Research Evaluation, 1999(8):111-118.

[35] Noyons. E. C. M. , A. F. J. van Raan. Science mapping from publications: An example in mathematics & computer science[J/OL]. [2006-09-15]. http://www. cwts. nl/TvR/ documents/AvR-Mapping STTBook. pdf.

[36] 埃利泽·盖斯勒著，周萍译. 科学技术测度体系[M]. 北京：科学技术出版社，2004.

[37] Pajek[EB/OL]. [2006-11-30]. http://vlado. fmf. uni-lj. si/pub/networks/pajek/.

[38] G. Lewison. The definition and calibration of biomedical subfields[J]. Scientometics, 1999, 46(3):529-537.

[39] Arango G, Prieto Diaz R. Domain analysis:Concepts and research directions [M]. IEEE Computer Society Press, 1989.

[40] 林正奎，杨德礼. 领域分析方法研究综述[J]. 计算机工程与设计，2006(2)：593-596.

[41] 吕斌，李国秋. 情报学研究的前沿——领域分析[J]. 情报理论与实践，1997(2)：69-73.

[42] Hjorland. B. , Albrechtsen. H.. Toward a new horizon in information science: Domain-analysis[J]. Journal of the American Society for Information Science, 1995, 46(6): 400-425.

[43] 王知津. 域分析与情报检索理论[J]. 中国图书馆学报，1997(5)：18-22,37.

[44] 甄桂英. "领域分析"的方法与情报学研究[J]. 情报杂志，2004(10)：68-70.

[45] 王知津. 领域分析及其对情报检索的启示[J]. 情报理论与实践，1997(3)：151-154,157.

[46] 周萍，Loet Leydesdorff. 获取中国科技期刊引用/被引网络图的操作步骤[J/OL]. [2006-11-30]. http://users. fmg. uva. nl/lleydesdorff/istic03/manual. htm.

[47] 冯白云，林佳. 化学及相关学科信息源——信息检索、分析与管理[M]. 北京：清华大学出版社，2003.

[48] 庞景安. 科学计量研究方法论[M]. 北京：科学技术文献出版社，1999.

[49] 邱均平. 信息计量学第七讲:文献信息分布的集中与离散规律——布一齐一洛分布系及理论[J]. 情报理论与实践，2001(1)：77-80.

[50] Ten Cs for evaluating internet resources modified in 2003[EB/OL]. [2006-10-20]. http://wviw. uwec. edu/Library/Guides/tencs. html.

[51] 蒋颖. 因特网学术资源评价:标准和方法[J]. 图书情报工作，1998(11)：27-31.

[52] Evaluating internet resources for SOSIG[EB/OL]. [2007-02-02]. http://sosig. esrc. bris. ac. uk/desire/ ecrit. html.

[53] 辞海[K]. 上海：上海辞书出版社，1999.

[54] 牛津高阶英汉双解词典[K]. 北京:商务印书馆，1997.

[55] 中国大百科全书[K]. 北京:中国大百科全书出版社，2004.

[56] 何谓生物柴油?[EB/OL]. [2006-12-02]. http://info. oil. hc360. com/html/001/002/001/114256. htm.

[57] 刘仲林. 现代交叉科学[M]. 杭州：浙江教育出版社，1998.

[58] 金吾伦. 跨学科研究引论[M]. 北京：中央编译出版社，1997.

[59] Van Raan. A. F. J.. Competition amongst scientists for publication status: toward a model of scientific publication and citation distributions[J]. Scientometrics, 2001, 51(1): 347-357.

[60] 解恩泽，赵树智，刘永振. 交叉科学概论[M]. 济南：山东教育出版社，1991.

[61] 邱均平. 信息计量学第十讲:计算机辅助文献计量分析方法与工具[J]. 情报理论与实践,2001(4)：316-320.

[62] Henk F. Moed, Wolfgang Glanzel, Ulrich Schmoch. Handbook of Quantitative Science and Technology Research [M]. Kluwer Academic Publishers, 2004.

[63] 中科院组建南方海洋科学创新基地[EB/OL]. [2007-01-20]. http://lt. cas. cn/html/Dir/2002/03/13/1724. htm.

[64] 谭宗颖，张薇. 以用户信息需求为中心的学科情报定题服务[J]. 图书情报工作，2003(2)：72-74.

[65] 许家梁. 着眼于信息代表性和覆盖面的“成组信息检索”模型[J]. 情报学报，2005(2)：210-213.

[66] 陈伯暖. 国外科技信息及文献检索[M]. 北京：机械工业出版社，2003.

[67] Van Raan, et al. Bibliometric analysis of Psychotherapy Research: Performance assessment and position in the journal landscape[J]. Psychotherapy Research,2003,13(4):511-528.

[68] 庞景安，张玉华，马峥. 中国科技期刊综合评价指标体系的研究[J]. 中国科技期刊研究，2000(4)：217-219.

[69] 邱均平，马瑞敏. 引文索引的功能与科学评价——以美国《基本科学指标》引文数据库为例(上)[J]. 中国索引，2005(4)：17-22.

[70] 尤金·加菲尔德著，候汉清等译. 引文索引法的理论及应用[M]. 北京：北京图书馆出版社，2004.

[71] 蒋永新，叶元芳，蒋时雨. 现代科技信息检索与利用[M]. 上海：上海大学出版社，1999.

[72] 金碧辉，等. 世界科学中的中国[R]. 北京：科技部基础研究司，中国科学院文献情报中心. 2004(9).

[73] Van Raan. A. F. J.. Statistical Properties of Bibliometric Indicators：Research Group Indicator Distributions and Correlations[J]. Journal of the American Society for Information Science and Technology，2005，57(3)：408-430.

[74] 王泽琪. 文摘索引型数据库和全文数据库检索系统的比较[J]. 图书馆工作研究，2005(3)：48-51.

[75] 赖茂生，徐克敏. 科技文献检索[M]. 北京：北京大学出版社，1994.

[76] 吴健，张霖霞，和继元. 网上新版 Pubmed 生物医学文献数据库检索方法探讨[J]. 医学信息，2003(7)：375-376.

[77] 林佳，杨毅. 文摘索引型数据库检索系统的现状与发展趋势[J]. 图书情报工作，2003(10)：68-73.

[78] 康延兴. 引文检索策略的探讨[J]. 情报科学，2005(8)：1233-1236，1248.

[79] 邱均平. 信息计量学第六讲：文献信息作者分布规律——洛特卡定律[J]. 情报理论与实践，2000(6)：475-478.

[80] 胡正银，张娴，方曙. 学科信息门户核心资源评价研究[J]. 情报杂志，2006(2)：55-57.

[81] 谭宗颖，张薇. 以用户信息需求为中心的学科情报定题服务[J]. 图书情报工作，2003(2)：72-74.

[82] 赵文. 最终用户研究[J]. 大学图书馆学报，1997(6)：53-55.

[83] 崔雷. 当年高被引书中的主题词链聚类分析及其在情报预测中的应用[J]. 情报学报，1995(5)：368-373.

[84] 王鹤令，崔雷. 国外胆管癌研究热点的文献计量学分析[J]. 中华肝胆外科杂志，2005(9)：636-638.

[85] 谭宗颖. 从文献分析看物理学科领域的发展重点[J]. 前沿进展，2003(2)：105-109.

[86] 马张华. 信息组织[M]. 北京：清华大学出版社，2001.

[87] Henk F. Moed, Martijn S. Visser. Developing Bibliometric Indicators of Research Performance in Computer Science: An Exploratory Study[J/OL]. [2006-10-15]. http://www.cwts.nl/cwts/ NWO_Inf_Final_Report_V_210207.pdf.

[88] ESI 常见问题[EB/OL]. [2007-01-20]. http://www.thomsonscientific.com.cn/esi_faq.htm#a8.

[89] New hot papers[EB/OL]. [2007-01-20]. http://www.esi-topics.com/nhp/index.html.

[90] 袁毅. 核心网站评选的理论与方法[M]. 北京:北京图书馆出版社,2005.

[91] Fast Breaking Papers[EB/OL]. [2007-01-20]. http://www.esi-topics.com/fbp/index.html.

[92] Fast Moving Fronts[EB/OL]. [2007-01-22]. http://www.esi-topics.com/fmf/index.html.

[93] Emerging Research Fronts[EB/OL]. [2007-01-22]. http://www.esi-topics.com/erf/index.html.

[94] ISI Web of Knowledge [EB/OL]. [2007-03-14.]http://www.thomsonscientific.com.cn/ISI web of knowledge.htm.

[95] Current Web Contents Web Site Selection Criteria[EB/OL]. [2007-03-20]. http:// Thomson-scientific.com/ free/essays/selectionofmaterial/cwc-criteria/.

[96] 何荣利，王伟. ISI 数据库与 SCI 的选刊和录文[J]. 沈阳农业大学学报(社会科学版)，2004(4):446-448.

[97] 台湾主要的学术机构选择汤姆森科技信息集团的 Web of Science 加快研究工作的进展[EB/OL]. [2007-01-30]. http://www.thomsonscientific.co cn/news_07_04.htm.

[98] Current Contents Connect[EB/OL]. [2007 -03-15]. http://www sonscientific.com.cn/ccc.htm..

[99] 徐敏，朱东华. 新形势下科技情报工作模式的研究[J]. 北京理

(社会科学版)，2005(1)：58-60.

[100] 王建芳,冷伏海.共引分析理论与实践进展[J].中国图书馆学报,2006(1)：85-88.

[101] Félix Moya-Anegón,etal. A new technique for building maps of large scientific domains based on the cocitation of classes and categories[J]. Scientometrics,2004,61(1):129-145.

[102] Ming-yueh Tsay, Hong Xu,,Chia-wen Wu. Journal co-citation analysis of semiconductor literature[J]. Scientometrics,2006,571(1):7-25.

[103] 张树良,赵凡,张云秋.国外科技战略咨询研究与信息分析机构战略情报研究方法跟踪与前瞻[R].中国科学院文献情报在红心,2007.

[85] 谭宗颖．从文献分析看物理学科领域的发展重点[J]．前沿进展，2003(2)：105-109.

[86] 马张华．信息组织[M]．北京：清华大学出版社，2001.

[87] Henk F. Moed，Martijn S. Visser. Developing Bibliometric Indicators of Research Performance in Computer Science：An Exploratory Study[J/OL]. [2006-10-15]. http://www. cwts. nl/cwts/ NWO_Inf_Final_Report_V_210207. pdf.

[88] ESI 常见问题[EB/OL]. [2007-01-20]. http://www. thomsonscientific. com. cn/esi_faq. htm＃a8.

[89] New hot papers[EB/OL]. [2007-01-20]. http://www. esi-topics. com/nhp/index. html.

[90] 袁毅．核心网站评选的理论与方法[M]．北京：北京图书馆出版社，2005.

[91] Fast Breaking Papers[EB/OL]. [2007-01-20]. http://www. esi-topics. com/fbp/index. html.

[92] Fast Moving Fronts[EB/OL]. [2007-01-22]. http://www. esi-topics. com/fmf/index. html.

[93] Emerging Research Fronts[EB/OL]. [2007-01-22]. http://www. esi-topics. com/erf/index. html.

[94] ISI Web of Knowledge [EB/OL]. [2007-03-14.]http://www. thomsonscientific. com. cn/ISI web of knowledge. htm.

[95] Current Web Contents Web Site Selection Criteria[EB/OL]. [2007-03-20]. http:// Thomson-scientific. com/ free/essays/selectionofmaterial/cwc-criteria/.

[96] 何荣利，王伟．ISI 数据库与 SCI 的选刊和录文[J]．沈阳农业大学学报(社会科学版)，2004(4)：446-448.

[97] 台湾主要的学术机构选择汤姆森科技信息集团的 Web of Science 加快研究工作的进展[EB/OL]. [2007-01-30]. http://www. thomsonscientific. com. cn/news_07_04. htm.

[98] Current Contents Connect[EB/OL]. [2007 -03-15]. http://www. thomsonscientific. com. cn/ccc. htm. .

[99] 徐敏，朱东华．新形势下科技情报工作模式的研究[J]．北京理工大学学报

（社会科学版），2005(1)：58-60.

[100] 王建芳,冷伏海.共引分析理论与实践进展[J].中国图书馆学报,2006(1)：85-88.

[101] Félix Moya-Anegón,etal. A new technique for building maps of large scientific domains based on the cocitation of classes and categories[J]. Scientometrics,2004,61(1):129-145.

[102] Ming-yueh Tsay,Hong Xu,,Chia-wen Wu. Journal co-citation analysis of semiconductor literature[J]. Scientometrics,2006,571(1):7-25.

[103] 张树良,赵凡,张云秋.国外科技战略咨询研究与信息分析机构战略情报研究方法跟踪与前瞻[R].中国科学院文献情报在红心,2007.